初中科学各类

微课

设计与制作

侯小英 ○ 著

以初中科学知识体系为依据
用最"接地气"的方式为其他教师提供微课制作的指导

浙江工商大学出版社
ZHEJIANG GONGSHANG UNIVERSITY PRESS
·杭州·

图书在版编目（CIP）数据

初中科学各类微课设计与制作 / 侯小英著 . — 杭州：
浙江工商大学出版社，2020.7
  ISBN 978-7-5178-3911-8

  Ⅰ．①初… Ⅱ．①侯… Ⅲ．①科学知识—多媒体课件
—教学设计—初中②科学知识—多媒体课件—制作—初中
Ⅳ．① G633.72

  中国版本图书馆 CIP 数据核字（2020）第 098562 号

初中科学各类微课设计与制作
CHUZHONG KEXUE GELEI WEIKE SHEJI YU ZHIZUO
侯小英　著

责任编辑	厉　勇	
封面设计	雪　青	
责任印制	包建辉	
出版发行	浙江工商大学出版社	
	（杭州市教工路 198 号邮政编码 310012）	
	（E-mail：zjgsupress@163.com）	
	（网址：http：// www.zjgsupress.com）	
	电话：0571-88904980，88831806（传真）	
排　版	杭州朝曦图文设计有限公司	
印　刷	浙江全能工艺美术印刷有限公司	
开　本	710mm × 1000mm　1/16	
印　张	14.75	
字　数	190 千	
版印次	2020 年 7 月第 1 版　2020 年 7 月第 1 次印刷	
书　号	ISBN 978-7-5178-3911-8	
定　价	60.00 元	

前 言

　　初中科学课程的有效实施需要有丰富的课程资源的支持,要为教师提供更多的能将先进理念转化为可操作行为的学习材料和备课资源。研发一批适合初中科学课程的教学资源,并在教学中适当地加以运用,有助于提高科学课程实施的质量。

　　微课,可以浓缩教学过程,记录实验现象,呈现知识结构,展示习题讲解,讲述科学故事……因其具有独特的易传播性、可重复性以及相对的私密性等特点,随着技术的发展与普及,微课逐渐走进课堂、拓至课外,日益成为师生教与学的重要资源。

　　作为资源的微课,需要在有限的时间里传播精准、凝练、清晰的科学知识与各种现象;作为学习的微课,需要考虑学科知识的生发过程与内在逻辑;作为传播的微课,需要指向特定的学习者,依据认知特征进行视听设计,促进师生主动学习行为的发生。可见,内容、逻辑、形式是进行微课录制需要考量的重要因素。

　　侯小英老师及其团队利用微课开展科学教学积累了丰富的实践经验,编写了《初中科学各类微课设计与制作》一书。书中微课包括新课类微课、实验类微课、习题类微课、专题类微课、故事类微课等,可以为初中学生学习科学提供有效的支持;每一类型的微课都有详尽的制作建议和技巧,包括各种软件的使用说明,可以为初中科学教师进行微课的制作和使用提供有效帮助。此外,本书对探索微课在课堂教与学创新应用中的有效模式和方法,挖掘科学教师典型的教学案例和经验,促进优质教学资源共享,也将起到积极的作用。

王耀村

2020 年 3 月

目 录

第六章　故事类微课 149

第七章　微课制作技术 172

第一章

初识微课

可汗学院的成功

"他是一个先锋,他借助技术手段,帮助大众获取知识、认清自己的位置,这简直引领了一场革命!"——比尔·盖茨对萨尔曼·可汗的评价。

比尔·盖茨是萨尔曼·可汗的狂热粉丝,他在接受美国有线电视新闻网采访时说,为了教 3 个孩子数学和科学的基本概念,他花费了大量时间,可孩子们还是听得懵懵懂懂。2010 年初,朋友向他推荐了可汗学院。神奇的是,那些他怎么也解释不清的知识点,可汗通过短短 12 分钟的视频,就让孩子们融会贯通。盖茨直言"令人难以置信",并说"我真有些嫉妒他"。

每个视频 10 分钟左右,没有教师出境,没有绚丽的特效,画面中只有黑板和一些文字,偶尔会有些彩色线条,这就是微课的鼻祖——由孟加拉裔美国人萨尔曼·可汗创立的一家教育性非营利组织——可汗学院(Khan Academy)。可汗学院在线图书馆收藏了 3500 多个可汗教师的教学视频,向世界各地的人们提供免费的高品质教育资源。该项目从萨尔曼·可汗给亲戚的孩子讲授在线视频课程开始，迅速向周围蔓延，从家庭走进学校，甚至应用在"翻转课堂"中，被认为正打开未来教育的曙光。

可汗学院最重要的概念在于微课。可汗学院利用网络传送便捷与视频重复利用成本低的特性，将疑难点、知识点制成一个个约10分钟的小视频，通过电子黑板系统，以由易到难的进阶方式互相衔接。同时，也衍生出翻转课堂的概念，将学习的决定权从教师转移至学生，学生在家完成知识的学习，而课堂变成教师和学生之间、学生与学生之间互动的场所，包括答疑解惑、知识的运用等，从而达到更好的教学效果。在很短的时间内，可汗学院在全世界范围引起了极大的轰动，给当前的教育模式带来了很大的冲击，促使教育者对当前教育模式进行思考和改革。基于视频资源的教学，可汗学院给我们提供了一个很好的范例，在数字化时代，我们要接受并迎合学习方式和教育方式不断变化的趋势。

近几年来，微课在我国基础教育领域迅速升温，随着资源不断丰富，有关微课的研究也不断深化。国内外专家学者对这个伴随着教育现代化发展而出现的名词，有了不同定义，常见的有如下几种：

微课是时间在10分钟以内，有明确的教学目标，内容短小，集中说明一个问题，由教师讲授教学内容的微视频，还包括学习单、学生的学习活动的安排。

——黎加厚

微课是以阐释某一知识点为目标，以短小精悍的在线视频为表现形式，以学习或教学应用为目的的在线教学视频。

——焦建利

微课是指为使学习者自主学习获得最佳效果，经过精心的信息化教学设计，以流媒体形式展示的围绕某个知识点或教学环节开展的简短、完整的教学活动。

——张一春

微课是指以视频为主要载体,记录教师在课堂内外教育教学过程中围绕某个知识点或教学环节而开展的精彩教与学活动全过程。

——胡铁生

微课是指运用信息技术,按照认知规律,呈现碎片化学习内容、过程及扩展素材的结构化数字资源。

——佚　名

随着全国微课网、教育部教育信息管理中心、浙江微课网等先后举办的微课大赛的强力推动,信息技术的发展,以及学习者对学习内容的自主性需求越来越高,利用碎片化时间来学习越来越受到重视。微课一度变得炙手可热,这背后体现的是社会对教育教学资源的极大需求。但随着时间的推移,微课的发展也曾出现低谷时期。究其原因,首先,制作一节微课,从素材选择、脚本设计、课件制作到录制剪辑,整个过程程序复杂,导致大量视频制作粗糙;其次,部分制作者缺乏思考,微课质量不高;最后,一线教师精力有限,仅靠个人的力量无法将众多微课规范化、系列化,导致成果过于分散,不成体系。

微课设计如果没有注入实施者的思考,将很难保持长久的吸引力,教育者应该更多地去研究如何更好地利用这一信息技术手段的优势,开发出一系列能"营造一种轻松、优雅氛围,促进右脑学习,提高学习效率,激发学习者创造力"的微课。

在初中科学教学中,我们力图使微课从"微"到"精",从"量"到"质",推进信息技术与学科教学的全面融合应用,变革教师教学方式与学生学习方式,力图制作出更多主题突出、指向明确、资源多样、情景真实、交互性强的微课服务社会大众。

微课正当时

教育信息化 2.0 在行动

2018 年 4 月,《教育部关于印发〈教育信息化 2.0 行动计划〉的通知》中提出,到 2022 年基本实现"三全两高一大"的发展目标。"三全"指教学应用覆盖全体教师、学习应用覆盖全体适龄学生、数字校园建设覆盖全体学校;"两高"指信息化应用水平和师生信息素养普遍提高;"一大"指建成"互联网 + 教育"大平台。教育信息化已经从 1.0 时代进入 2.0 时代。到 2020 年,形成与国家教育现代化发展目标相适应的教育信息化体系,基本建成人人可享有优质教育资源的信息化学习环境,基本形成学习型社会的信息化支撑服务体系。优质微课资源的共建共享,成为促进教育公平、提高教育质量的有效手段。同时,微课又是网络教育的一种新形式,突破了空间限制,延伸了学校教育。

微课作为"互联网 + 教育"时代一种全新的数字化学习资源,是我国教育信息化 2.0 时代一种新的教学方式和学习方式。初中科学课程体系庞大,内容跨度大,知识类型多样。初中科学是一门理科学科,逻辑性强,难度较大,需要教师进行引导;它是一门以实验为主的学科,需要课堂上进行直观形象的呈现;它又是一门探究性很强的学科,需要学生自主思维。而微课恰恰具备以下主要特点,能更好地服务初中科学的教与学。

"微"在"自主"。学生能根据自身实际情况来进行自己的学习。他们可以在轻松的氛围中观看微课,而不必像在课堂上那样紧绷神经,或因为分心而跟不上教学节奏。学生观看进度全由自己把控,已掌握的快进跳过,没懂的可以反复观看。微课既可用于预习,也可用于复习,学生有更多的主动权和选择权,满足了师生的个性化教学和学习需求。

"微"在"生动"。初中科学课程综合性强,不乏抽象的概念与规律。鉴于课堂空间与时间的限制,微课通过视频、图像、文字与对话等创设出图文并茂、有声有色的教学环境,为初中科学教学的顺利实施提供了形象的表达工具,有效地突破了重点、难点、易错点,激发了学生的学习兴趣,改变了传统单调的教学模式。

"微"在"生长"。在以学生为中心的微课设计中,要考虑学生的需求与视听感受,根据学生的思路展开教学。微课呈现的内容是学生最需要得到的知识、技能,它可以结合学生的兴趣点、疑惑点、困难点把教学内容分解为一系列小问题,灵活应用比较对照、逻辑推理、归纳总结等科学方法,顺着学生的问题思路展开内容讲解,一步步引领学生深入学习,让学生体会到知识的"生长"过程。此外,优质的微课不仅在于教师对教学内容的精心设计,更在于创设"一对一"的精准讲解,在于透过语言信号传递出来的亲和力与感染力,让学生有持续看下去的动力,尊重学生"成长"的过程。

"微"在"秒懂"。微课时间短、内容精,最高境界是让人"秒懂"。初中科学课堂中讲一些抽象理论时,学生由于抽象思维不足而难以理解所讲内容。如果教师设计微课时,把理论转换为图形,插入一些动态模型,再辅助解说,这样的表现方式,就能够增进学生对知识的理解,甚至能使学生达到"秒懂"的程度。

吴兴区初中科学微课发展概况

浙教版初中《科学》虽然使用量大,但由于教材使用的地域限于浙江,网络资源体系化不足,课程内容契合度不高。针对这样的现状,湖州市吴兴区初中科学团队,近年来不断在微课的设计、开发及应用方面进行研究,并对现有微课的设计、开发及应用的成果不断总结,进一步深化微课资源设计策略,提升开发的方法和技术,探索微课应用的途径。

2014 年湖州市吴兴区面对假期作业的管理空白,开始引入互联网信息技术手段,以作业实施方式改革为突破口,将初中科学作为试点学科,与"最慧学"平台合作,区域性推进作业改革的实践与研究,破解常规作业弊端,推动作业"变脸",无限靠近作业本质。针对学生的预习、复习、巩固、实验等环节,借助信息化平台,给学生提供有效资源。虽然当时的微课在制作、设计、课程体系上有较大不足,但自此迈出了湖州市吴兴区进行微课资源开发与应用的宝贵的第一步,如图 1-1 所示。

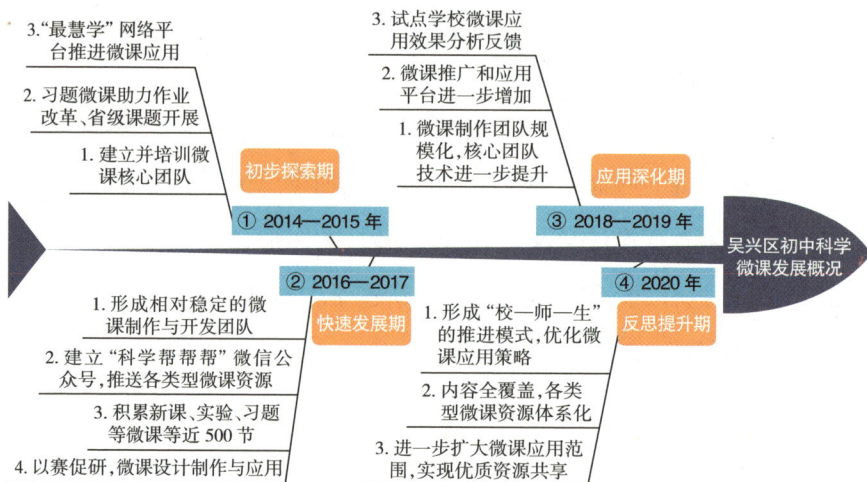

图 1-1　吴兴区初中科学微课发展概况

吴兴区初中科学教师在区微课制作核心团队的引领下,通过"微课制作技术培训""微课设计要素培训"等活动,逐步形成一支乐于挑战、技术精良、踏实肯干的微课制作团队,一批又一批能做优质微课的教师遍及全区各校。近年来,我们先后开发了"初中科学重难点微课100题""中考实验操作指导微课程""学生家庭实验微课精选""初中科学六册教材新课微课""浮力专题微课""教师实验辅导微课"等系列微课1000多节,并在新课微课、习题微课、实验微课等方面形成体系,为广大师生提供较为优质的微课资源,分别在"之江汇""腾讯课堂""科学帮帮帮"等平台推送,如图1-2所示。

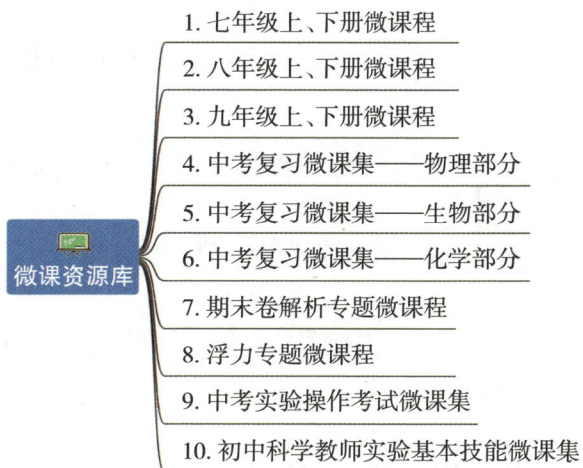

微课资源库

1. 七年级上、下册微课程
2. 八年级上、下册微课程
3. 九年级上、下册微课程
4. 中考复习微课集——物理部分
5. 中考复习微课集——生物部分
6. 中考复习微课集——化学部分
7. 期末卷解析专题微课程
8. 浮力专题微课程
9. 中考实验操作考试微课集
10. 初中科学教师实验基本技能微课集

图1-2 微课资源库

2017年,吴兴区创立并推广"科学帮帮帮"微信公众号,试点学校湖州第四中学教育集团的"和趣科学"和湖州十一中的"有1说1科学微课堂"两个微信公众号先后跟进。我们的目的是把具有时效性的优质微课资源有针对性地推送至师生手中,为他们的"教"与"学"助力。目前微信公众号粉丝近5万人,在本地区形成较大的影响力,并逐渐辐射至整个浙江省乃至全国。

微课资源的区域推进离不开平台建设,通过6年来的摸索,根据各个平台的特点及其适用场景,确定了4个推进微课的阵地。"科学帮帮帮"微信公众号以其消息发布的即时性、辐射面的广泛性以及操作的易用性等特点,作为微课推广的主平台,如图1-3所示;腾讯课堂主要发布体系化的微课,以专题类微课和同步课程包为主,作为学生进行系统化自主学习的平台;最慧学网站具备良好的学情跟踪机制,便于教师对学生的微课学习情况进行实时监控,作为及时获取学生学习动态并进行跟踪管理的平台;华数电视点播频道借助有线电视,脱离手机、电脑等设备,操作简单,作为家长对学生电子产品使用进行管控的平台。

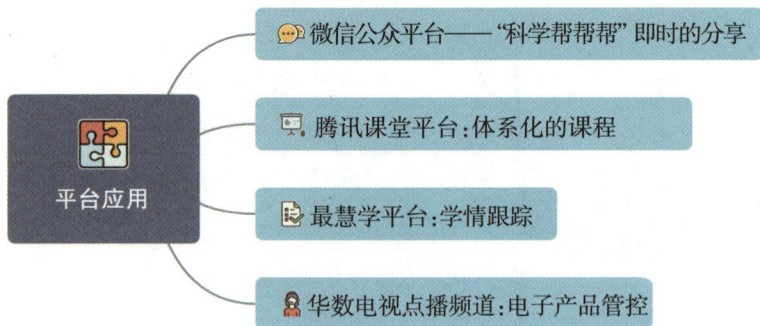

平台应用
- 微信公众平台——"科学帮帮帮"即时的分享
- 腾讯课堂平台:体系化的课程
- 最慧学平台:学情跟踪
- 华数电视点播频道:电子产品管控

图1-3 平台应用

吴兴区初中科学微课制作与应用已推进6年多,团队教师从对微课一无所知到熟练制作高质量的微课,点滴付出,有目共睹。凌晨时分,微课团队微信群还闪着消息;周末与寒暑假,团队成员放弃休息时间,一遍遍调整图片、修改语句、拍摄视频、录制对话,甚至是家人齐上阵。做一节高质量微课至少需要十几个小时,建立上千节微课的资源库更需要大量的心血。6年来,自上而下构建了以核心团队成员为引领、以工作室名师为带头人、以骨干教师为中坚力量、青年教师全员参与的"微课研训共同体"（如图1-4），参与者达百余人，保障了吴兴区初中科学团队在微课开发与应用上的有力推进。

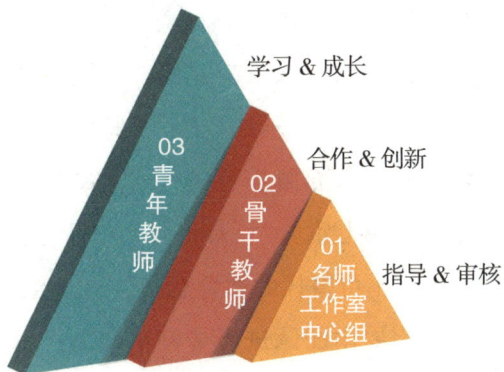

图1-4 团队架构

微课精设计

确定课型 → 微课设计 → 撰写脚本 → 制作PPT → 初审修改 → 录制剪辑 → 再审完善

　　微课制作有其既定的复杂步骤，需要严格把握制作的要点。在微课设计之前，首先要确定课型，这是整节微课制作的关键。合理、科学、有价值的选题在明确的课型承载下可以更好地达成微课的目标。

　　在各种类型微课设计时，要围绕重点、难点、疑点、易错点和考点等展开，设计要有序、有理念，内容布局要清晰。例如：什么时候设置悬念？什么时候需要激发学生好奇心？什么时候引入声色兼有的视频？……都需要寻找合适的时机，恰如其分地出现在微课中，才能起到关键性的作用。

在制作PPT的过程中，要充分利用多媒体技术，通过多感官刺激学生，一步步进行各种科学教学活动。PPT的版面设计，如首页与封面设计、背景、中间页设计等都需要规范、清晰、美观。

完成初审后，我们需要用微课录制过程中常用的 Camtasia Studio 等软件进行录屏，也可以利用 Easy Sketch Pro、"来画"等软件来实现特殊的场景转换，还可以用 iPad 配合触控笔书写等方式将课堂设计完美呈现出来（微课制作技术详见第七章）。只有将多种媒体综合运用，才能体现微课的真正魅力，发挥它不可替代的教育意义。

最后完成的作品，需要由团队进行最终审核，并对存在的细节问题进行二次修改，才能形成可发布的微课成品。

一节可发布的合格微课在制作中应该注意以下内容：

（1）一节微课的时间尽量控制在10分钟内。

（2）录制微课时，心中时刻有学生，形成"一对一"的教学氛围。

（3）口语讲解，少用古板、枯燥的书面语，有脚本，但不照本宣科。

（4）语调抑扬顿挫，可以有师生对话讲解。

（5）学生可以在微课中清晰地获取重要内容的提示性信息（例如用不同颜色线标示重点内容，屏幕侧边列出关键词，用符号图形标注等）。

（6）微课可以围绕几个精心设计的核心问题展开，用多样化的提问策略促进学生思考。

（7）对一些抽象的科学知识点，要综合运用音频、视频、动画、图像等多媒体信息帮助学生理解，强化学生思维，更好突破重难点。

（8）注重培养学生自主学习的习惯，如在微课中布置一些任务、按暂停键思考一个问题，微课结束后让学生自行完成本课思维导图等。

（9）注重已有微课资源，借鉴"之江汇""洋葱数学""物理大师"等APP上的微课采用的教学方法及技巧。

　　(10)注重多领域资源的收集与再开发,注重借鉴、模仿与创造。例如,从电影、电视、广告等资源中找到科学课程可以借鉴的素材。

　　(11)每一个微课结束时要有一个简短的总结,概括要点,帮助学习者梳理思路,强调重点和难点。

　　(12)其他操作技术细节:

　　①鼠标不能在屏幕上乱晃。

　　②字体和背景的颜色要协调,如微课制作要有统一的模板。

　　③画面简洁,不要出现与教学内容无关的图标、背景等。

　　④录制视频的环境安静。

微课显活力

　　网络上科学微课良莠不齐,我们需要认真思考:怎么样的科学微课是适合初中学生的? 学生的根本需求是什么? 如何让碎片化的资源系统化、结构化? 如何让学生喜欢上微课? 从微课素材的甄选,到教学设计、脚本设计、课件设计,再到录制剪辑、审核修改等每一环节,我们都要做到专业化、规范化、精细化。针对不同教学阶段、不同教学内容的要求,我们对初中科学微课进行了分类,初步分成新课类微课、实验类微课、习题类微课、专题类微课和故事类微课五种类型。

　　新课类微课是以新课知识为蓝本,围绕着科学知识体系中的某个知识点或技能展开的微课,教学设计上有完整的逻辑,教法上尤为注重为学生自主学习新知识提供方法和帮助。实验类微课注重培养学生通过动手动脑、亲身实践、对比改进,内化形成科学探究的能力,其以清晰直观、聚焦细节、突出过程与思维、可重复播放等特点,着力改善初中科学实验教学的困境。习题类微课是以一道或几道典型例题为载体,通过分析解题思路,讲解解题过程,归纳和总结解题方法而形成的微课;它特别注重解题思路的呈现,即把所学科学知识与解题方法和题目的已知条件联系起来,找出解决问题的办法。专题类微课通过利用各种微课技术让学生从整体上系统地把握该主题相关知识,构建完整的知识体系;借助各种特殊的微课式"互动"突出学科思维能力的培养,提高学生运用所学的知识分析问题、解决问题的综合能力。故事类微课是用故事串联知识点而制成的微课视频;故事类微课融故事情节和教学内容于一体,增加了教学的趣味性。

在各类初中科学微课的开发应用探索中,我们发现微课可以作为课堂教学的有力补充,它不仅适合移动学习时代知识的传播,更符合学习者个性化、深度学习的需求。在吴兴区初中科学微课由无序走向有序、由零散走向体系的推进过程中,我们总结出初中科学微课主要具有以下几点优势:

1. 微课促进"学为中心"教学理念的落实

微课的出现,打破了传统的课堂教学模式。微课的本质特征和核心理念是"学",即要面向学生,促进学生自主、个性、高效地"学",从而达到优化学习体验与提升学习品质的效果。

"有限时间,无限创意",微课必须具有目标集中、主题突出、短时高效和会学辅教的特点,充分体现教师"学为中心"的教学理念。近几年,我区微课在推进学本课堂、分层教学,以及翻转课堂、移动学习等先进新型教学模式的推广应用中,发挥了重要的作用。

2. 微课有利于优化课堂教学

微课是教师针对学生的学习需要精心设计的课,通过教师的精心导学,精心创设问题情境,帮助学生进行高效、趣味学习。教师可以在课前和课中为学生甄选出优秀的微课作品,课前微课的观看,可以让师生在课堂上有更多互动、解惑的时间;而在课中播放微课,不仅可以丰富课堂教学方式,还可以突破重点、难点、疑点。

3. 微课有利于师生减负增效

学生在学习的过程中,肯定有难以掌握或容易忘记的知识,它们需要课前的指引和提示,课后的反思和复习,而优质微课是凝聚教师教学智慧的产品,学生更容易进入"聚焦"状态,提高效率。同时,教师通过课前观看和借鉴微课,可以减轻备课的负担;课中把微课作为一种教学方式、教学资源,帮助承担讲解和答疑等任务,有利于把更多的时间放在关注学生的学习状态和提高教学效率上。

4. 微课有利于教师个人专业成长

微课制作是教师不断研究和学习的过程,是对课标解读、教材理解与教法学法进行思考的集中反映,是教师对重点、难点与易错点进行解读的过程。微课可以全面展示教师的综合素质和教学能力,有助于提升教师的专业技能。微课不仅可以作为学生自主学习的资源,还可以作为教师分享教育思想的重要资源,教师博采众长,相互借鉴教学方法,不断提高自己的教学能力。另外,教师反复观看、反复修改微课,可以不断反思改进自己的教学,迅速提升自身的课堂教学水平,促进专业成长。

第二章

新课类微课

　　新课类微课是以初中科学教材中的新课知识为蓝本,结合微课这种教学手段,达到形式上"微小",内容上"精练",教学设计上"完整"的课程形式。科学知识体系并非空中花园,唯有打好基础,透彻理解核心概念才能更好地解决问题。新课类微课围绕着科学知识体系中的某个知识点或知识集合展开,回归基础和理解,把看似"简单"的新课上得"不简单"。它时间虽短,但在结构上"五脏俱全",有导入,有讲解,有示例,有总结,教学设计有完整的逻辑;在学法上,尤为注重为学生自主学习新知识提供方法和帮助。在不同类别的微课中,新课类微课受众面较广,因此,越来越多的教师投入其中进行研究与制作。

　　我们团队对新课类微课的研究首先是从帮助学生进行课前预习和假期自主预习开始的,但在实践探索过程中,我们逐渐发现新课类微课的作用不仅仅限于课前的导学、翻转课堂的实现,也可以帮助教师在课中进行重难点讲解,帮助学生在课后复习巩固。根据一线教师和学生的需要,我们团队潜心研究教学设计理论和微课的表现形式,以此为基础,开发了大量高品质的新课类微课,这些微课在"之江汇""腾讯课堂""智学网""科学帮帮帮"等呈现,为师生送去优质的数字资源。

新课类微课设计理论依据

有一种教学设计叫东拼西凑,有一种教学设计叫精心有心。新课类微课教学设计是许多教师制作微课面临的核心问题,以下选取 3 种教学设计的模型供大家参考:首要教学原理、九段教学法和 ADDIE 模型。

1. 首要教学原理

首要教学原理是美国犹他州立大学教授戴维·梅里尔首先提出的,经浙江大学教育学院盛群力教授翻译后引入我国。《首要教学原理》一书被称为教学设计理论跨世纪转型的标志性成果,此书中,梅里尔总结了行为主义、认知主义、建构主义等众多学习理论,在考察了众多的教学设计理论与模式的基础上,他提出了以最终促进学习者学习为目的的 5 项教学的首要原理。这 5 项原理是:

(1)当学习者介入解决实际问题时,才能够促进学习(问题原理)。

(2)当激活已有知识并将它作为新知识的基础时,才能够促进学习(激活原理)。

(3)当新知识展示给学习者时,才能够促进学习(展示原理)。

(4)当学习者应用新知识时,才能够促进学习(应用原理)。

(5)当新知识与学习者的生活世界融于一体时,才能够促进学习(整合原理)。

图 2-1 展示了首要教学原理指导下的微课教学设计模式。

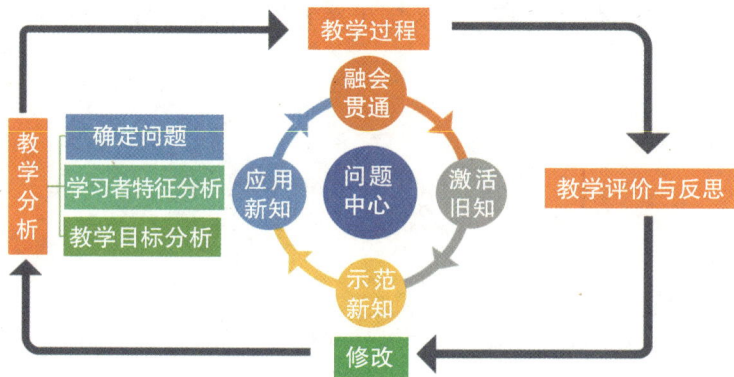

图 2-1　首要教学原理设计模式

2. 九段教学法

罗伯特·加涅是美国教育心理学家,加涅将认知学习理论应用于教学过程的研究。加涅认为,教学活动是一种旨在影响学习者内部心理过程的外部刺激,因此教学应当与学习者的内部心理过程相吻合。根据这种观点,他把学习活动中学习者内部的心理活动分解为 9 个阶段,也就是加涅九段教学法。

第一,引起注意——它是学习主动性、积极性的重要标志。要注意结合学生的实际,以此引起学生的注意力和兴趣。

第二,告知学习目标——告诉学生可以从中收获什么,以此激起学生对新知识、新技能的期望,产生学习的动机。

第三,刺激回忆——去跟学生过往的知识和经验建立连接,激发旧知。

第四,呈现刺激材料——可以选择日常生活中经常遇到的典型案例或难以解决的案例,提供新的有效解决方式。

第五，提供学习指导——这个教学事件是促进语义编码，即让所学的东西进入长时记忆，对接受过程进行相应的指导与帮助。

第六，诱导反应——让学生对所收获的知识、技能等进行运用与实践。

第七，提供反馈——对学生实践的结果进行评价和反馈。

第八，评定学生成绩——测量学生的行为改变程度。

第九，促进记忆迁移——做一个动作促进学生的行为迁移。

图 2-2 展示了加涅九段教学法指导下的教学设计模式。

图 2-2　加涅九段教学法设计模式

3. ADDIE 模型

ADDIE 模型最初是由美国佛罗里达州立大学的两位教授在加涅的帮助下，为美国陆军设计的一个课程开发模型，主要包括五要素：分析（Analysis），对教学所要达到的行为目标、任务、受众、环境、绩效目标等进行一系列的分析；设计（Design），对将要进行的教学活动进行课程设计；开发（Develop），针对已经设计好的课程框架、评估手段等，进行相应的课程内容撰写、页面设计、测试等；实施（Implement），对已经开发的课程进行教学实施，同时进行实施支持；评估（Evaluate），对已经完成的教学课程及受众学习效果进行评估。图 2-3 展示了 ADDIE 模型指导下的教学设计模式。

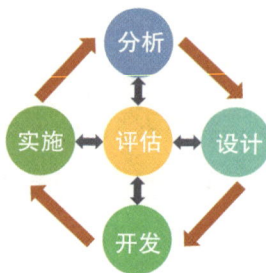

图 2-3　ADDIE 模型设计模式

如今 ADDIE 模型不仅是一个教学设计模式，还成为教育技术解决问题的一种方法论，为教学设计工作者提供了一个解决问题的思路。

特点：浓缩、趣味、思维

区别于其他类型微课的特点，新课类微课的落脚点是学生对新课内容的学习需要。在这个"内容为王"的时代，如何把一节新课内容浓缩在 5—10 分钟的微课中？教师作为微课的内容生产者，如何直击学生的需求和兴趣？如何形成"一对一"的教学氛围，增强学生自我学习的针对性？以上这些问题都是制作初中科学新课类微课的重点。新课类微课一般有两种类型：一种是将课堂教学中一课时的教学内容压缩成一个微课；另一种是将一节完整的新课分解为多个部分，形成系列微课。新课类微课一般具有以下特点：

短小精悍，知识内容高度集成化

与学校课堂教学方式不同，新课类微课省去了师生互动和学生实验活动等环节，所以在课程时长上要短很多。心理学统计调查发现，初中学生的注意力能保持 10 分钟左右的高度集中，考虑到学生进行网络学习时注意力高度集中的时间还会缩短，因此内容更加精练是微课获得成功的关键。

新课类微课要求短小精悍，这里"小"的含义是微课的选题小。内容指向非常集中，通常为一个核心知识点。因为时间短，所以微课不像平时的课堂一样讲授 45 分钟，只是针对学生需要教师指导或解释的内容进行讲解，聚焦于新课重难点。

一节优秀的新课类微课应该是浓缩的、紧凑的，每一秒钟都需要经过精心的设计，否则就无法在较短的时间内完成新课教学，所以在进行新课类微课设计时要重点鲜明，中心突出，避免无关资源的大量使用。例如，在"浮力"第一课时中整节微课都围绕着核心问题"浮力的方向是怎样的"展开，从一开始生活认识中模糊的"向上"到设计实验验证和用二力平衡知识推导得出"竖直向上"的思维过程，都是围绕中心问题展开的。该微课每一个环节的设计意图都是促进学生思考核心问题，所谓窥一斑而知全豹，这样的微课显得凝练而有效。

生动有趣，贴合学生观看心理

学习新课的本质就是新概念在学生脑海建构的过程，学生对未知的世界、新奇的知识充满了好奇，从课堂教学我们就能发现，相对于复习课而言，学生更加喜欢上新课。对新课类微课，学生更愿意接受，学习兴趣往往也比较浓厚。在观看新课类微课时，受到学习兴趣正向推动，学生骨子里的那种解决困难、认识新世界的内驱力,使得新课类微课更容易与学生形成共鸣,有利于教学目标的达成。

网络上既有的新课类微课资源库中,我们发现微课的呈现是利用PPT把正确知识播放一遍,教师用古板而严肃的语调将重点知识朗读一遍,诸如此类的方式,丝毫不顾及学生的学习兴趣和学习心理,久而久之,学生对这些微课便"敬而远之"。

考量一节微课是否优秀,最关键在于它带给学生的学习效果如何。为了达成更好的学习效果,就必须考虑学生的观看兴趣。那么,如何在新课类微课中对学生的喜好精准"把脉"呢?我们要选择恰当的表现方式。新课类微课的表现手法可以更加多元化,例如幽默风趣的语言、引人入胜的问题、生动形象的图片或者精彩纷呈的视频都能牢牢地抓住学生的眼球。如浙教版《科学》九年级下册"生态系统"一课的微课中,制作者利用英国广播公司即英国BBC纪录片《蓝色星球》中的精美视频、丰富的各类生态系统照片以及感染力十足的语言,描绘着生态系统的各要素,学生感觉趣味盎然,如图2-4所示。又如在"地球上的水"一课中,利用影片《美丽的大脚》中的片段:一声响雷后,教室中师生齐刷刷冲出教室,拿着各种器皿接雨水,而最终一滴雨都未落下。那渴望、无助地看着天空的眼神,令人动容,无法忘却,这样的教育可谓是此时无声胜有声,如图2-5所示。

图2-4　生态系统

图2-5　《美丽的大脚》影视片段

自主学习,屏幕之外奏响思维"画外音"

新课类微课的落脚点是提供一种主动的、独立的、元认知监控的新课学习方式,符合新课程标准提倡的"转变学习方式,采取自主学习"的教育理念。有的新课类微课是将知识点堆砌起来,贪多而全;有的是在提出问题后马上将正确答案读一遍,完全忽略学生自主与思考的过程,这样的微课是低效甚至无用的。在课堂教学中教师可以采用对比、讨论、设问等形式调动学生对知识内容的自我建构,在新课类微课中同样需要学生进行自主学习和思考。问题是思维的起点,情境是思维的保障,因此我们可以在新课类微课中,采用问题链的形式引领、促使学生思考,变被动为主动。创设可以运用新课知识解决问题的情境,引导学生进行知识整合,剖析问题,解决问题。思维训练的结果是让学生能够认知到知识与知识之间存在的联系、知识与应用之间存在的联系,以及学到的知识是"活"的,是能够被运用的,这些都指向学生的核心素养发展。

【案例】九年级下册——"遗传与进化"

在九年级下册"遗传与进化"一课中,对于基因的学习,在微课中运用问题链促使学生自主思考,找到答案,如图 2-6 所示。

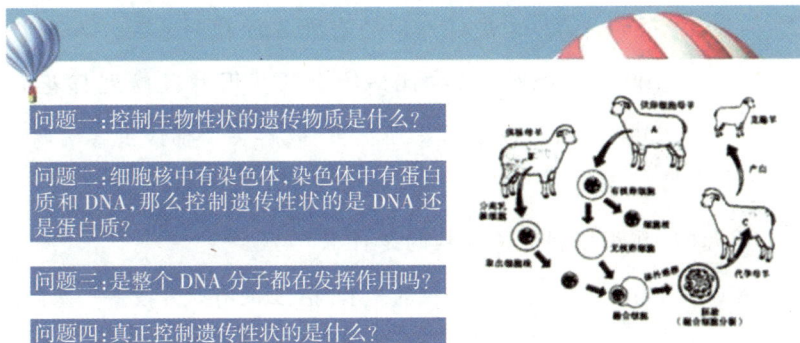

问题一:控制生物性状的遗传物质是什么?

问题二:细胞核中有染色体,染色体中有蛋白质和 DNA,那么控制遗传性状的是 DNA 还是蛋白质?

问题三:是整个 DNA 分子都在发挥作用吗?

问题四:真正控制遗传性状的是什么?

图 2-6　"遗传与进化"微课中的问题链

问题一:控制生物性状的遗传物质是什么?

材料一:1997年,科学家将甲母羊的乳腺细胞的细胞核,植入乙母羊去掉细胞核的胚胎细胞中,组成一个细胞,成功培育了"多利"羊,"多利"羊的性状与养育它的乙母羊并不一致,但却与甲母羊极为相似。

⇓

问题二:细胞核中有染色体,染色体中有蛋白质和DNA,那么控制遗传性状的是DNA还是蛋白质?

材料二:1952年,赫尔希和蔡斯用放射性标记的噬菌体去感染大肠杆菌,结果噬菌体将带有^{35}S标记的蛋白质外壳留在了大肠杆菌外面,只有噬菌体内带有^{32}P标记的DNA全部注入大肠杆菌,并在大肠杆菌内成功地进行噬菌体的繁殖。

⇓

问题三:是整个DNA分子都在发挥作用吗?

材料三:研究发现,在DNA分子上,起着遗传作用的是一个一个的片段,这些起作用的有效片段称为基因。人们将细菌中一种可以对抗棉铃虫的基因片段转到棉花的DNA中,形成了转基因抗虫棉,解决了棉铃虫害问题。

⇓

问题四:真正控制遗传性状的是什么?

核心知识:真正控制生物性状的是DNA上的有效片段——基因。

设计：多元策略、多样表现

"兵马未动，粮草先行"，新课类微课的教学设计对于整个微课的成功起到绝对性作用，关乎短时间内新知识内容的落实。做好新课类微课的设计，做到有据可依、有的放矢是每一个微课制作者必须具备的素养。

化整为零，主题鲜明

微课的重要特点是短小精悍、重点突出，若做得十分冗长，会大大影响学生的观看兴致和观看效果，所以一个微课视频的时长最好控制在5—10分钟。但一节新课的内容，往往会远远超过一个微课视频的容量。因此，在制作新课类微课之前，教师要对新课内容进行结构的划分，对一节内容中多个复合的知识点进行剖析。一般的新课微课可以参照"概念浅析""理解深入""运用提升"3个模块进行划分，以此来兼顾微课时长较短和内容精练的要求。当然，每节课的内容总量、难度都有差异，因此具体划分为几个小的微课要因课而异。例如，"大气的压强"一课，根据知识点划分为"证明大气压强的存在""大气压的大小""气体压强对沸点的影响""气体压强与流速的关系"4个模块。每个模块的主题鲜明，带领学生逐个突破核心知识点，同时符合学生聚焦于疑难点的观看需求，因此在制作新课类微课之前，教师对备课工作要有整体意识，分模块、备重点、解疑惑，这是制作一个成功的新课类微课至关重要的一步。

巧用技术,快速导入

要在短时间内吸引学生进入微课主题,就需要有精彩的导入。与课堂教学相比,微课的导入应更加富有挑战性,它需要在十几秒或者几十秒的时间内吸引学生注意力,同时抛出教学的主题。视频、科学史、生活情景、实验等导入方式是课堂教学常用的导入方式,这些在微课教学中如何才能发挥出"现场"的效果呢？这就需要教师充分利用信息技术来实现。如更加注重视频、画面的感染力,运用音乐、动画、声音与图像等对导入素材进行"包装",力求在最短的时间内形成视觉冲击力,吸引学生的注意力,扣人心弦,使学生产生好奇心和求知欲,尽快进入新课主题,引发思考。

"重组视频"导入

微课常用的导入方式是引用精彩而又感染力极强的视频,它很容易吸引学生的眼球,也给学生创设了身临其境的真实感。微课导入的视频需要在原视频的基础上进行技术处理,如对几个对微课主题有用的视频片段进行剪辑拼接,在更短的时间内呈现更多有效的信息,同时在画面旁边配上提示文字,让学生边观看边思考,迅速进入学习状态。视频可以从影视大片,高质量、高清晰度的纪录片中截取。如图 2-7(a) 所示是《泰坦尼克号》中船启动的视频镜头,在这个视频中可以呈现像"这么大的一艘船是如何漂浮在水面上的呢？"这样的文字,让学生在欣赏大片的同时进入思考;在这个片段过后,将"沉船"的那一幕抛出,如图 2-7(b) 所示,再在屏幕上加上像"为什么漂浮的船又会沉下去呢？"这样的文字。视频通过两个场景的剪辑拼接让学生在视觉冲突中进入思考,并快速切入浮力新课内容。

(a) (b)

图 2-7　影片《泰坦尼克号》素材剪辑

"近距离实验"导入

实验是学习科学的重要方法和手段,实验导入也是初中科学新课教学中重要的导入方式,导入的实验一般会选择有吸引力和震撼力的,若是能引发学生认知冲突的那就更妙了。与常规课堂中的实验相比,微课中的实验是教师在演示,学生通过视频观看,隔着屏幕,少了份真实感。如何让实验在微课导入环节发挥出更好的效果呢? 教师可以充分发挥技术的优势,采用"拉近镜头"和"慢镜头"的方式,让画面可控、可聚焦,让重要的镜头多停留,让学生近距离观察,体验一种"深度观看"的效果。如图 2-8 所示是"浮力产生的原因"的新课导入,"让乒乓球浮起来"是课堂上教师常用的导入实验,而这个实验导入的缺点是浮起来的过程太快,学生来不及观察就一晃而过。微课导入中可以将"浮起来"的过程放慢、镜头拉近,让学生清楚地看到"球的下表面有水之后就慢慢浮起来"的过程,从而快速引发思考:"浮力产生的原因是什么呢?"

用手拿　可以
倒过来
用浮力　？

图 2-8　乒乓球浮力实验

"动态故事"导入

　　学生的学习兴趣很大程度上取决于教学形式。故事运用于教学是一大亮点,融学习于故事,化知识为情节,是学生喜闻乐见的一种方式。在科学教学中,科学史是重要的故事来源。利用科学史组织教学能极大地丰富科学课堂,对学生科学素养的培养具有重要意义。在常规的课堂教学过程中,故事多数采用教师"讲"或学生"阅读"的形式导入,即故事的大量的文字信息通过教师的描述简单呈现,或者故事的文字信息经筛选后供学生自主学习,而微课则可以将故事变"活"变"动",采用"文字"+"图片"+"配乐"进行多媒体动态展示,全面调动学生的感官,让学生在营造的故事氛围中不知不觉地进入正题,如同看电视剧般轻松有趣。以下是"长度的测量"微课的导入,采用了古代长度测量的科学史,插入的图片在听觉基础上给予学习者视觉刺激,增强了导入效果,让学生对长度测量的意义能够有更加深刻的理解。

【案例】七年级上册——"长度的测量"

　　在古埃及,那时法老是国家的最高统治者,他把自己的小臂到中指的距离规定为"腕尺",如图2-9所示。国内任何物体长度的测量都以这个长度为标准,你可能会听到古埃及人说:"这个门的高度是3腕尺,桌子的长度是2腕尺。"14世纪,英格兰国王爱德华二世颁布了"标准合法英寸",他从一堆麦穗中选取三粒最大的麦粒把它们排成一行,然后宣布:"这个长度就是一英寸。"德国人是非常严谨的,他们的标准和脚有关系,不是一只脚,而是16只脚,他们找了16个最后走出教堂的男子,将他们左脚的长度加在一起,再除以 16,求得了一个平均脚长,并规定这就是一英尺,如图 2-10 所示。古罗人让部队走两千步,然后把这个距离规定为 1 英里。在我国唐朝时期,唐太宗拥有至高无上的皇权,他规定自己的左脚和右脚各迈一次的距离为一步,三百步就是一里。

图 2-9　古埃及的长度标准

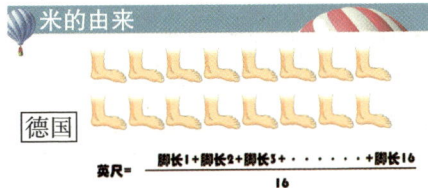

图 2-10　德国的长度标准

目标锁定,精准定位

新课类微课学习目标的确定是新课类微课制作的关键步骤。学习目标具体阐明了学生在本节微课中应该学会什么。在常规的课堂教学中,学习目标往往采用后置的形式,以总结的方式呈现,对本节课核心知识点进行总结,让学生在学习完本节课后反思自己是否真的掌握了本节课的内容。而新课类微课往往在新课开始就锁定目标。根据加涅九段教学法,新课类微课在开端就直接告诉学生可以从中收获什么,以此激起学生对新知识、新技能的期望,产生学习的动机。同时,新课类微课也常用于课前学生自主预习。另外,学生学习微课后,对自我学习情况需要有个评估,而目标恰是评估的依据所在。例如九年级下册"生态系统"一课,一开始就明确了本节课的学习目标,即通过微课掌握生态系统、食物链等相关知识,让学生在学习过程中能够有针对性地进行学习,避免学习的盲目性,提高学习效率。"生态系统"学习目标,如图 2—11 所示。"月相"预习单,如图 2—12 所示。

图 2-11 "生态系统"学习目标

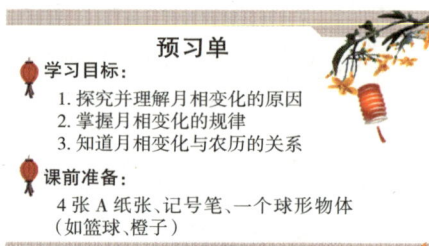

图 2-12 "月相"预习单

巧用手段,直击重难点

新课类微课的重难点突破与常规课堂不同,在短短 5—10 分钟内,没有平时课堂的提问互动、小组讨论,有的只是在有限的时间内针对重难点,巧用各种手段,善用教学经验,利用微课中"一对一"的学习氛围,结合微课"可视化"的特点"精""准""快"突破重难点。

例如九年级上册"尿液的形成"一课,肾脏的结构、尿液的形成为本节课的重难点,对于教材上图片的标注,学生理解起来还是有难度的;通过微课,我们可以把重要结构用圆圈等符号圈出进行辨认,对细微处用技术放大,对"滤过"与"重吸收"过程采用动态模型呈现,对肾单位用自制教具(采用洗碗钢丝球、软管等制成)与模式图对照,从而突破重难点,如图 2-13 所示。

再比如在"月相变化的原因"一课中,在常规的课堂中,月相变化的模拟实验往往采用演示实验(如图 2-14)的方法,只有那个演示实验的人从他的视角观察才能直观感受到这种变化,不能让全体学生观察到月相的动态变化;通过微课,我们可以充分发挥拍摄技术的优势,摄像头就等于学生眼睛,利用放大、凸显、聚焦和慢镜头的方式,让学生设身处地、多角度地观看月相变化的画面,切实感受模拟实验的现象。

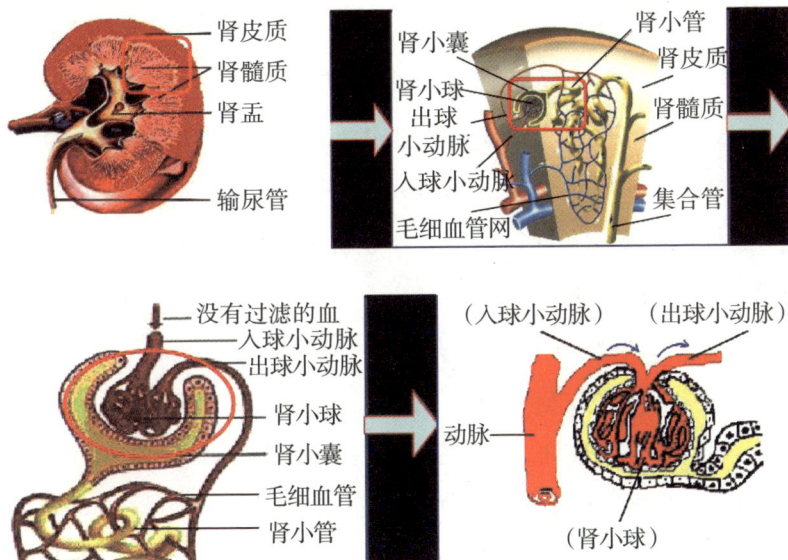

图 2-13　肾脏的结构

图 2-14　月相变化实验演示

多种途径，构建概念

初中科学新课教学的一项重要任务就是概念教学，但是学生在生活和学习中有许多错误的直观感受，如"运动的物体具有惯性，而且速度越大，物体的惯性越大""接触面积越大，摩擦力越大"等感受在学生的心中刻下了深深的烙印，并为他们解释有关现象提供了"可信赖"的依据。为突破学生"不全面、不准确"的前概念，课堂教学过程中教师需采用多种手段，在学生已有的认知基础上建构新的认知。根据首要教学原理的要求，微课制作者要尽可能采用多元策略让学生从"认识一个概念"转变为"建构一个概念"，在微课中一个精准的、易于理解的方法对学生学习有着非常积极的影响。

对于重要的核心概念，实验是概念突破的一剂"良药"，可以通过实验的演示突破学生的"迷思概念"。为了更好地实现实验视频播放的效果，还需要给实验过程加上详尽的解说和字幕。实验视频的播放可以调动学生的感官，创设出更加真实的情景，拉近与学生的距离。例如"电功率"一节中，学生在学习小灯泡的电功率后，自然地认为小灯泡上标注的电功率越大，小灯泡越亮，如图 2-15 所示。通过将"100W"和"25W"的灯泡串联点亮的实验，直观地呈现"25W"的小灯泡反而更亮这一事实，从而引导学生构建新的概念——"小灯泡的亮暗由实际功率决定。"

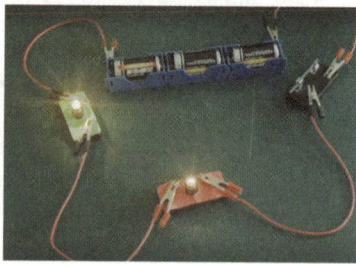

图 2-15　小灯泡的亮暗实验

新课类微课中,创设认知冲突能够高效地解决概念教学的难点。新课类微课中有很大一部分都是概念教学的微课,学生不是被动地接受概念,而是主动地对概念信息进行加工选择处理,形成自己的认知。因此,微课中要设计概念上的认知冲突。比如八年级上册"浮力大小的影响因素"一课,针对学生容易产生的"物体浸入深度越大,浮力越大"的认知,可通过知识链接,引导学生进一步思考,探究浮力的影响因素究竟是排开液体的体积还是深度,同时利用多媒体展示的便捷性,播放"浸入相同体积,深度不同"的视频,就会让学生发现原有的认知与现实出现了偏差,也就达到了激发学生学习动机的目的,如图 2-16 所示。另外,像帮助学生搭建"脚手架""设置问题链"等方式都可以在微课中利用"数、形、声、色"等技术手段为学生顺利建构概念。

物体在水中浸没前受到的浮力是否与浸入深度有关?

将一长方体金属块横放,部分体积浸入水中时,在液面所对的烧杯壁做一标记线,读出弹簧测力计的示数 $F_甲 = $ _1.6_ N(见图甲);再把金属块竖放浸入同一杯水中,当 _水面与标记线相平_ 时;测力计示数 $F_乙$(见图乙)。比较发现 $F_乙 = F_甲$,并得出:

浸没前物体受到的浮力与浸入深度无关

$F_浮 = G_物 - F_拉$

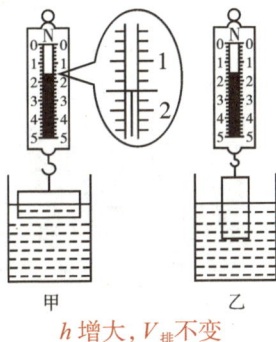

$V_排$不变

h增大,$V_排$不变

图 2-16　浮力大小与浸入深度的关系

思路呈现,注重示范

微课学习缺少互动,缺少孩子心领神会或是茫然、懵懂的表情,相当考验教师对学情的掌握。设计微课时，教师必须尽可能了解到学生的共性问题，对学生思维出现盲点、瓶颈的地方要下功夫、用技术展示思维的过程，让学生清晰地看到自己的问题所在，清楚地抓住教师所讲的自己存在疑惑点的画面。如在微课中我们可以采用模拟对话的形式，以一个学生口吻说出他的疑惑之处，通过与教师的对话慢慢揭开问题奥秘的面纱，引起学生的共鸣。比如在"大气压"一课中，学生往往在解释时直接说明大气压将吸盘压住了，没有系统的推导过程。微课通过"吸盘使用有什么要求？"→"为什么要将空气挤出？"→"空气挤出后改变了什么？"等问答的形式，结合动画，将原来教师口头表述的分析思路通过流程一步步地呈现，让学生真正领悟"吸"的本质是内外产生压强差。以此类推，学生就可以解释许多类似的现象，如图 2-17 所示。另外，如惯性现象的解释、电动机电路中为何欧姆定律不适用了、传送带上做水平匀速直线运动的物体竟然不受摩擦力等，都可以通过师生对话、思维可视化等方式解决问题。

典例 你能理解如下现象吗？

吸盘内空气被挤出 ➡ 吸盘内压强减小
吸盘内压强＜外界大气压
外界大气压将吸盘紧压在墙上

迁移应用 你能解释如下现象吗？

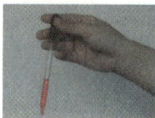

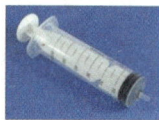

胶头内空气挤出，压强减小
胶头内压强＜外界大气压
大气压把液体压入滴管中

筒内空气排出，压强减小
筒内压强＜外界大气压
大气压把液体压入滴管中

图 2-17 大气压现象分析

巧用图表,化繁为简

新课类微课制作中,要重视图表的运用。图表的直观功能非常明显,能够调动学生多方面的感官,对于教学效果的达成以及学生学习注意力的集中大有裨益。比如研究植物的光合作用和呼吸作用,可以通过表格的形式直观对比植物两种生理活动的相同点和不同点(如表 2–1),让繁杂的科学知识更加直观明了。图表的建立除有助于学生在比较中进行学习外,还能帮助学生清晰地建立科学量之间的关系。如图 2–18 所示,重力与质量的关系从用实验数据记录表表示转化为用图像表示,可清晰地得到 G 和 m 之间的关系式,从而得到结论。同类型的还有熔化与凝固的图像(如图 2–19),将记录的温度用图像表示,清晰地体现熔化与凝固过程中"温度保持不变"的性质。血液循环过程,如图 2–20 所示。微课中数据、图、表之间的转化,能够把学生从繁杂的数据和知识中解放出来。

表 2–1 植物的光合作用和呼吸作用对比

	光合作用	呼吸作用
条件	光照	有无光照均可进行
场所	叶绿体	活细胞
物质变化	吸收 CO_2,放出 O_2,无机物,有机物	吸收 O_2,放出 CO_2,有机物,无机物
能量变化	光能,化学能,贮存能量	化学能变成 内能 及其他能量,释放能量
意义	生物体有机物和能量的最终来源,维持大气中 CO_2 和 O_2 含量的稳定	为生命活动提供能量
联系	光合作用为呼吸作用提供了物质基础,呼吸作用为光合作用提供了能量和原料	

实验数据记录表

钩码的质量($m/10^{-2}$kg)	5	10	15	20	25
弹簧测力计的读数(N)	0.49	0.98	1.47	1.96	2.45

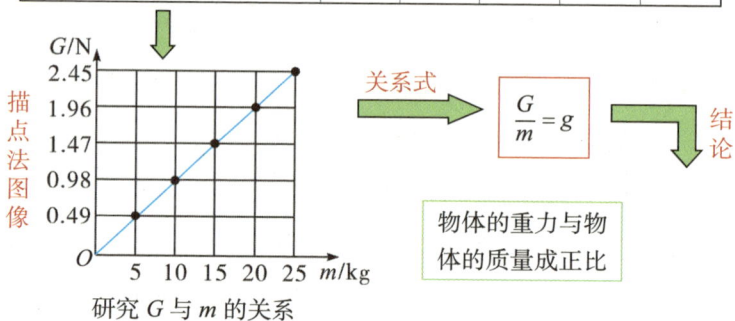

描点法图像

研究 G 与 m 的关系

关系式

$$\frac{G}{m}=g$$

结论

物体的重力与物体的质量成正比

图 2-18　重力与质量的关系

分析过程

开始熔化 固态　熔化结束 液态　液态　固液共存　液态　固态

熔化 持续加热　　凝固 持续放热

开始凝固 液态　凝固结束 固态　固液共存

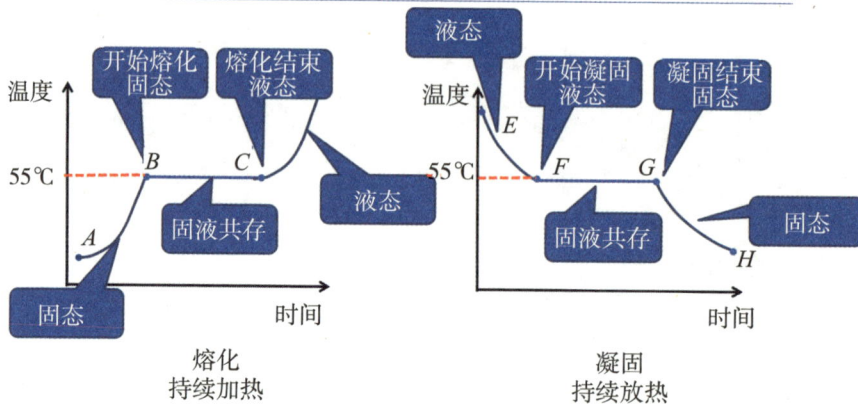

图 2-19　熔化与凝固图像

肺循环

右心室 → 肺动脉 → 肺部毛细血管网 → 肺静脉 → 左心房

右心房 ← 上下腔静脉 ← 全身毛细血管网 ← 主动脉 ← 左心室

体循环 动脉血 静脉血 肺循环

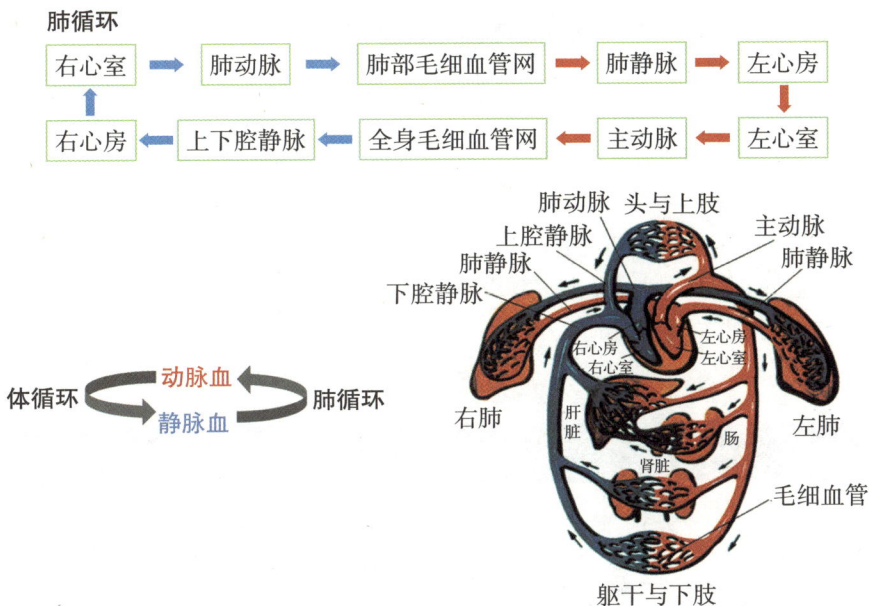

图 2-20　血液循环路径

巧用导图,适时总结

　　课堂总结是课堂教学一个必不可少的重要环节,可以帮助学生理清所学知识的层次结构,掌握其外在的形式和内在联系,形成知识系列及一定的结构框架。通过知识点的梳理,核心内容的呈现能够帮助学生在微课视频的最后再次明确本节课的重点。在传统的课堂教学中,教师通过板书总结本课的重点,而微课的"板书总结"可以用"思维导图"实现,它比课堂板书更完善、更具体、更精致。如思维导图可以徐徐展开,让学生看到思维的形成与完善过程;思维导图可以缺失一部分,让学生去补充完整;思维导图可以有各种形式,让学生在感受美的同时,知道知识与知识之间的联系,以便融会贯通。"绿色植物的新陈代谢"课堂总结,如图 2-21 所示。"电磁感应"课堂总结,如图 2-22 所示。

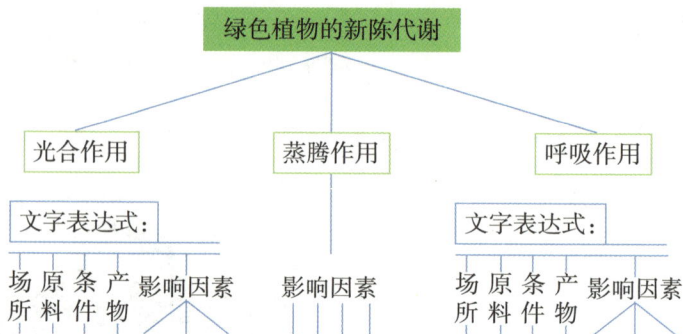

图 2-21 "绿色植物的新陈代谢"课堂总结

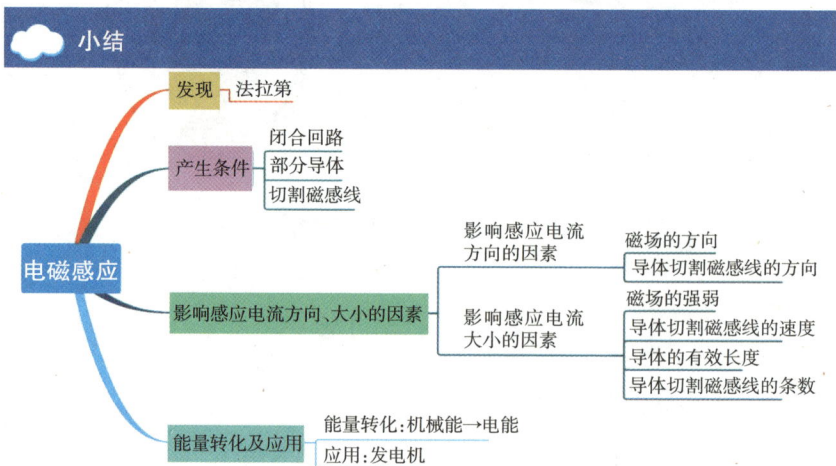

图 2-22 "电磁感应"课堂总结

应用:课前、课中、课后

　　新课类微课作为课堂教学的一种补充形式,在课前、课中、课后都可以灵活地为师生所用,为学生的高效预习和复习巩固提供优质的数字资源。

课前使用——自主学习，便于提高学习效率

"凡事预则立，不预则废"，培养学生的预习习惯是让学生学会学习的重要途径。新课类微课可使学生预先了解知识内容与线索，分清知识重难点；预先理解部分知识，让学习更有针对性，提高听课效率。另外，在先学后教、问题导学这一类教学模式中，学生根据教师给的任务单在学习过程中使用新课类微课，有效完成任务单。当然利用新课类微课，我们也可以进行类似翻转课堂的教学：教师提供以新课类微课为主要形式的学习资源，学生在上课前完成对微课的观看和学习，师生在课堂上一起完成作业答疑、协作探究和互动交流等活动，学生学习知识主要在家里、内化知识主要在课堂，学生对自己的学习承担更多的责任。

课中使用—— 灵活介入，便于突破难点

课中使用就是运用插播教学法，即教师在课堂讲授过程中，适时插播新课类微课中的部分内容，辅助重点、难点的教学。特别是在教师用口授的方法无法讲清楚，或者通常条件下很难演示和不易观察现象，或者教师觉得自己的讲解不够清楚到位的情况下，教师都可以有计划地把"插播微课"作为其中的一个或几个教学环节。例如，当无法尽快形象地解释"血液循环""听觉的形成过程""凸透镜成像由远及近的成像变化""化学反应的微观本质"等时，教师就可以借助新课类微课进行形象、生动的阐述。

课后使用——复习巩固，便于延伸拓展

对于那些在课堂上注意力不够集中或学习有困难的学生，他们可以

在课后根据自己的节奏观看微课,通过在疑难处暂停或反复观看来解决心中的疑惑;对于那些在学习一段时间后知识遗忘较快的学生,他们可以通过有针对性地查找有关自己遗忘知识点的微课,进行复习巩固;对于那些教师在课堂教学中未突破难点、理清疑点的教学,学生可以通过寻找、观看一些优质的新课类微课帮助学习。这些都在一定程度上减轻了教师课后个别辅导的负担,兼顾了班级授课的集体教学与个别化教学,实现了课内与课外相结合。

案例:"指南针为什么能指方向"

八年级下册《科学》教材中"电与磁"这章内容使学生初步建立起电与磁的联系,"指南针为什么能指方向"是本章内容的基础,引导学生从生活情境来认识"磁"。根据课程安排分为两课时,本案例为第二课时,主要包含的内容为磁场和磁感线,重难点也是磁场和磁感线。本课时较为抽象,学生学习存在难度。根据首要教学原理的要求,制作本节课的新课类微课时要充分利用各种策略,帮助学生搭建脚手架,建立起磁场和磁感线的概念。

脚本:同学们,大家好,今天我们来学习有关磁场的内容。本堂课我们将学习以下内容:①知道磁场及磁场的基本性质;②会描述常见磁体的磁场分布;③能说出磁感线表示的含义;④了解地磁场的分布特点。

设计策略:本节课采用的是前置学习目标形式,开门见山地告诉学生本节微课要掌握的知识内容,让学生在学习过程中能够有针对性地进行学习理解,在时间较短的微课学习中,保证了效率。

脚本:这是科幻片《地心历险记》里的镜头。在人群聚集的广场上,一大群鸽子忽然四处乱撞,从而引起了巨大混乱。造成这一切的原因是地球停止了转动,从而使地球的磁场消失了。

设计策略:用影视片段的方式导入,多角度、多画面的剪辑使用,烘托出的紧张剧情马上吸引了学生的注意力,引出了本课学习的核心内容"磁场"。

脚本:那么什么是磁场,地球的磁场又是怎么样的呢?

设计策略:"开门见山"式的问题策略,是微课"短小精悍"的保证,根据首要教学原理的要求,也体现出了"问题中心"的微课教学设计策略。

脚本:我们已经知道,磁铁可以在不发生接触的情况下吸引铁、钴、镍等物质。

设计策略:尊重学生的学情,适度回忆学生已知内容,既节约了时间,又引导学生建立起新旧知识的联系。

脚本:这个"隔空"的力是怎样产生的呢? 原来在磁体的周围存在着一种特殊的物质叫磁场,磁场的基本性质:对放入其中的磁体有力的作用。因此当铁、钴、镍等物质处于磁体的磁场中时,就会受到磁体的吸引。但是,磁场是看不见摸不着的,我们怎么来研究它呢? 大家还记得吗? 我们在学习力的时候,也遇到过这样的问题,力也是看不见摸不着的,我们是怎么解决的呢? 聪明的你一定想起来了,我们可以通过力的作用效果来感受力的存在。

设计策略:这里着重使用了首要教学原理中的激活策略,提问的同时马上配上风吹着蒲公英飞散的动图,这利用了微课插入动画快速、便捷的特点,实现了问题与生活情境的联系。

脚本：我们可以用同样的方法来研究磁场，将一枚小磁针放入磁场中，小磁针由于受到磁场的作用而发生偏转，在磁场的另一个位置也放上一枚小磁针，我们发现两个小磁针的偏转方向有所不同。这说明磁场是有方向的，我们规定小磁针在磁场中静止时北极所指的方向为该点的磁场方向。所以这两点的磁场方向是这样的。在磁场中的不同位置放上更多的小磁针，就可以知道更多点的磁场方向了。你能不能大致画一下这些小磁针所在点的磁场方向？请按暂停键，拿出纸和笔试一试。大家看一下，是不是这样的？

设计策略：利用动画和图片演示依据小磁针北极所指的方向来确定磁场方向的方法，提供了精确的示范动作；"如何通过小磁针来确定更多地方，甚至每一个点的磁场方向呢？"为接下来微课中进一步的问题提出做好铺垫，为铁屑的使用埋下伏笔。

脚本：我们在磁场中放置的小磁针越多，对磁场的描述就越精确。现在有一问题要考考你，因为小磁针其实还是太大了，磁场中放不下足够多的小磁针，怎么办呢？我们来看一个小视频。

设计策略：插入教师亲自动手做的实验小视频，让学生通过反复观看，慢镜头回放，充分了解实验的细节。细腻的画面，配上富有节奏感的音乐，再一次调动学生的各种感官并使其协同作用，达到促进思维拓展的目的。

脚本：怎么样，有没有受到什么启发？假如你有什么想法，先记在心里，看看和老师的想法是否一样？如果你有更好的想法也可以用各种方式和老师交流。

这里的每一粒铁屑都相当于一枚小磁针，我们可以通过铁屑的分布非常直观地感受到磁场的分布。英国物理学家法拉第仿照铁屑的排列情况画出一些"带箭头的曲线",来表示磁场的分布,这样的曲线叫作磁感线。曲线上的箭头就是该点小磁针的受力方向,也就是磁场方向。

设计意图:通过和学生对话的方式,慢慢引导学生形成从"点"到"线"的思维过程,让学生不仅感受到用铁屑代替小磁针的聪明智慧,更领悟到从"真实"到"模型"的建构过程,学生慢慢学会了科学中一种重要的研究方法——模型法。

脚本:同学们想一想,磁感线是真实存在的吗?显然不是,磁感线是一些假想的曲线。这样的方法叫作模型法。这就是条形磁铁的磁感线。你能画出蹄形磁铁的磁感线吗?按暂停键试试吧。

设计意图:磁感线是呈空间立体分布的,在微课中插入三维动画,并多角度旋转,抽象的知识点就变得非常直观,体现了新课类微课中表现手法多元化的要求。

脚本:仔细观察一下两个磁铁周围的磁感线,有没有发现什么规律。我们发现,在磁体外部,磁感线都是从一端出发,回到另一端。而且在磁体两极附近的磁感线最密集,我们知道磁体两极的磁场强度是最大的。因此,磁感线的密集程度也反映了磁场强度,磁感线越密集,磁场强度越大。

好了,现在回到一开始的问题。什么是地磁场呢?虽然,我国四大发明之一的指南针的鼻祖司南也利用了地磁场,但真正提出地磁场设想的是英国一位叫吉尔伯特的医生。科学家们经过不断研究发现,地球周围确实存在着磁场,并且地磁场的分布与条形磁铁类似。假如我们把地磁场近似地看作条形磁铁的磁场,那么这个磁体的 N 极和 S 极分别在哪里呢?现在,你同样可以按暂停键好好思考一下。

设计意图："问题中心"策略的再次使用,也是学生对知识的再认知;"什么是地磁场呢?"是对磁场知识的再发展,微课中配合使用地磁场立体清晰的模型图,学生的知识迁移会更加顺利。

脚本:还记得磁体的两极是怎么命名的吗? 当我们把一枚小磁针放在地表附近时,小磁针总是指向南北方向,指向北极的一端叫作 N 极,另一端叫 S 极。而根据磁极间相互作用的规律,异名磁极相互吸引,因此吸引小磁针 N 极的是地磁的 S 极,另一端就是地磁的 N 极了。也就是说,与地理北极相对应的是地磁南极,而与地理南极相对应的是地磁北极。你答对了吗? 科学家们还发现,其实地磁的两极与地理的两极并不完全重合,而是存在一定夹角的。这就是地磁偏角。

同学们,按下暂停键,闭上眼睛想一想这堂课我们学习了哪些内容呢? 本堂课我们了解了磁场的概念和磁场的基本性质,运用转换法研究了磁场的方向及不同磁铁的磁场分布,并且建立了磁感线的模型。通过小磁针在地表附近的指向性,知道了地球周围存在磁场,地磁南北两极在地理北南两极附近。你学会了吗?

设计意图:这里既是点题,又是再次强调重点知识的过程,这里的思维导图不仅仅是文字的形式,而是前面教学过程的缩小图片,这种图文并茂的思维导图小结形式,调动了学生对文字和图片的多重记忆。

第三章

实验类微课

　　伽利略说:"一切推理都必须从观察与实验得来。"奥斯特也说:"我不喜欢那种没有实验的枯燥的讲课,因为归根到底所有的科学进展都是从实验开始的。"科学是一门研究自然现象、探求自然规律形成和发展的实验课程。科学实验不仅是学生获取科学知识、认识科学规律、形成科学概念的途径,也是学生学习的重要手段,其在培养与提高学生综合能力方面所起的作用是其他方式不能代替的。在实验中,学生的学习和探究活动通过动手动脑、亲身实践、对比改进,内化形成科学探究的能力。如果说我们让实验类微课替代学生实验,那显然是不可取的,但若巧用实验类微课辅助我们的科学教学,那必然是如虎添翼。

　　科学实验教学中,由于受实验器材、实验安全性、课堂时间、教师实验素养等多方面因素限制,常常会以讲授、图片或板书代替真实实验,更有一些教师把实验教成一种程序,将实验目的、器材、步骤、注意事项和实验结果都告诉学生,学生只要按照教师提供的器材进行机械化的实验,就能取得预期结果,使得实验教学只是流于形式,而无法取得实际的教学成效。在这样的背景下,实验类微课以其短小精悍、清晰直观、聚焦细节、突出过程与思维、可重复播放等特点,着力改善初中科学实验教学的困境。

类型:演示实验、学生实验、家庭实验

爱因斯坦说:"一个矛盾的实验结果就足以推翻一种理论。"这句话高度概括了科学发展过程中科学实验举足轻重的地位。既然实验如此重要,那么我们就应该杜绝形式主义的实验教学,克服困难把真正的实验体验带给学生。实验类微课就是这么一种"麻雀虽小,五脏俱全"的学习资源利器。根据初中科学的实验内容,我们把实验类微课分为三类(如图3-1)。

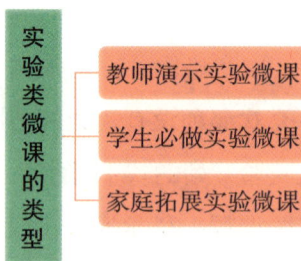

实验类微课的类型

教师演示实验微课

学生必做实验微课

家庭拓展实验微课

图 3-1 实验类微课的类型

教师演示实验微课

演示实验是教师为配合课堂教学而面向全体学生所做的一种示范。它主要是通过把要研究的科学现象展示在学生眼前,为学生提供鲜明、准确、生动的感性材料,引导学生进行观察、思考,再配合讲授或学生讨论等方式完成课堂教学任务,是一种有效、直观的教学手段。它是学生理解概念、规律的基础,是学生进行观察和获得感性知识的源泉,也是

培养学生观察力和思维力的重要途径。成功的演示实验，常常给学生留下难以磨灭的印象，使课堂气氛异常活跃，从而获得很好的教学效果。

然而我们的初衷虽好，现实却很骨感。在初中科学课堂演示实验教学中，有这么一些问题一直困扰着一线教师：一是效果差，教师的现场实验演示可见性不强，前排的学生也只是勉强看清楚，后排的学生基本是"只闻其声不见其发生"，更不用说能重复观看，而且课堂演示时实验失败或现象与理论不符的情况时有发生，给学生造成困扰；二是条件苛刻，有的演示实验由于实验条件的限制或是本身条件较为苛刻，实验时间跨度超过一课时，有的甚至需要一周及以上；三是危险性高，有些演示实验存在一定的危险性，有可能会对学生和教师的身体造成伤害；四是部分学校因缺少必要的实验器材或者任课教师自身专业素养欠缺而无法开展部分演示实验，导致学生的学习缺少感性经验支撑，久而久之退化为机械式记忆。那么，到底怎么样才能让学生更清晰更可靠更安全地观察到这些"魅力无限"的实验呢？

教师演示实验微课就是将微课与课堂上教师要做却存在以上"风险""危险"的演示实验有机结合起来，不仅丰富微课已有的教学内容，还在新的网络技术、信息技术条件下，聚焦演示实验的内容、创新实验的演示手段，从而适应教学的实际需要，在课堂实验无法实现的情况下仍能将演示实验现场化。这类微课利用学生的好奇心，使用声音、动画、模型等手段化抽象为具体，化枯燥为生动，把要研究的科学现象清楚地展示在学生面前。引导学生观察，并进行思考，配合教师的讲授使学生认识科学概念和规律，常能达到"事半功倍"的效果。

【案例】九年级上册
——"稀释浓硫酸"的错误操作警示实验

教材中展示的是稀释浓硫酸的正确操作示意图,由于浓硫酸具有很强的腐蚀性,我们需要教育学生严格按照规范操作:将浓硫酸缓缓加入水中并不断搅拌。但是不管教师怎么强调操作错误的危险性,学生都无法彻底认识到操作失误会带来怎样的后果,对其更没有给予足够的重视。为了让学生充分认识到问题的严重性,我们设计了一个违反操作规范的实验,学生若是能亲眼看到"酸液飞溅"的情景,那比教师强调上百遍都管用。然而错误的实验操作非常危险,不要说学生不敢靠近,教师也不敢轻易尝试,所以我们可以利用微课,在没有学生在场、教师防护到位的前提下,拍摄将水倒入浓硫酸的实验视频,甚至可以更夸张一点,将可乐倒入浓硫酸中(如图 3-2),让学生们看到如熔岩喷发般的震撼场面。

图 3-2　可乐倒入浓硫酸

通过"稀释浓硫酸"的错误操作警示实验微课,谁还不能理解"酸液飞溅"与"严格按照规范操作"的关联?相信看了这个演示实验微课的学生,对如何正确稀释浓硫酸应该是永生难忘了。其实,在初中科学实验中,还有很多错误的操作也具有很大的危险性,比如电源短路引发火灾、点燃不纯的氢气引发爆炸等,将它们作为警示实验微课的题材,相信效果也是相当震撼的。

【案例】八年级下册——"钠与氯气的反应"实验

　　本实验是为引入"离子"这一核心概念而设置的,其重要性不言而喻。尽管实验员在实验前会准备好氯气,但是做过该实验的教师都知道,在实验过程中,金属钠要放入氯气中燃烧(如图3-3),而剧烈的反应会导致氯气泄漏出集气瓶,由于氯气是一种有强烈刺激性气味的有毒气体,会对学生和教师造成危害,因此本实验也就成了一个"烫手山芋"。不过尽管有危害,大多数科学教师还是尽可能地克服困难进行实验演示。由于风险性的存在,教师在操作时会因担心害怕而在匆忙与仓促间完成实验,效果不一定理想。

图3-3　钠在氯气中燃烧

　　如果该演示实验有了实验微课的配合,就能通过慢镜头播放,让师生更坦然、更从容地体验化学反应的全过程,既清晰、安全,又能通过微课中对重点瞬间的解读旁白触发思考,再结合真实的演示实验,就能让学生对本实验的理解更加深入。类似的实验还有很多,比如"二氧化氮与空气的扩散"实验,我们可以通过微课让学生看到二氧化氮"缓慢""优雅"的扩散现象,这种动态过程的展示,对学生掌握其中原理、分析其中过程是大有助益的。

学生必做实验微课

　　《义务教育初中科学课程标准》(2011年版)明确提出了实验探究的重要性和必要性。在浙教版初中《科学》六册教材中共有48个主要的学生实验和探究(见表3-1、表3-2、表3-3),这些选定的实验和探究不仅注重内容结构的合理性,而且注重能力结构的协调性。《义务教育初中科学课程标准》(2011年版)更强调进行探究式实验,鼓励尽可能多地让学生动手做实验。这些实验和探究是学生在初中阶段必须亲身体验的,有些更需要学生走进实验室动手操作。这些实验课,不仅要满足学生动手动脑的愿望,更重要的是要让学生自主探究,充分实践,促进学生掌握在实践中解决问题的思路和方法,促进学生具有独立"做事"的能力,促进学生提升科学素养。

表3-1　七年级学生实验和探究

年级	类别	实验名称	参考实验器材
七上	★实验	测量物体的长度和体积	带有毫米刻度的直尺、卷尺、三角尺、量筒、圆柱体、烧杯和水、细线、小石块
	★实验	练习使用显微镜	显微镜、"上"字载玻片、铅笔、擦镜纸、一组细胞形状不同的装片
	★实验	观察动物细胞和植物细胞	显微镜、载玻片、盖玻片、镊子、滴管、牙签、刀片、水、碘液、洋葱鳞片、洋葱表皮细胞和人体口腔上皮细胞永久装片
	探究	蚯蚓是怎样生活的	放大镜、药棉、酒精(或食醋)、记录本、小木棒、小铁铲、蚯蚓
	实验	制作小型地球仪	乒乓球或者其他球体、小木板或泡沫塑料、铁丝、钳子、卡尺、圆规等
	实验	制作简单等高线地形模型	黏性较好的湿泥土或橡皮泥、尺子、牙签、细线或细钢丝、垫板、盛水容器、烧杯和水
	★实验	用天平测量固体和液体的质量	托盘天平、待测的小铁块和小木块、1元硬币及回形针若干、盛水的小容器、水粉颜料
	实验	测量石块和盐水的密度	天平、量筒、石块、烧杯、水、盐水、细线
	探究	探究液体蒸发快慢的影响因素	玻璃片若干、滴管、酒精、酒精灯、木夹、硬纸片

续表

年级	类别	实验名称	参考实验器材
七下	★实验	观察种子的结构	菜豆种子、玉米种子、镊子、小刀、稀碘液
	探究	种子萌发需要什么条件	烧杯、豌豆种子
	实验	扦插	杨、加拿大杨、月季、菊花、大叶黄杨等的枝条；木箱或塑料箱（下方带流水孔）；盛水托盘、土壤；修枝剪、小铁锹、矿泉水瓶
	探究	平面镜成像规律	白纸、茶色玻璃板、2 支蜡烛、火柴、直尺
	★探究	凸透镜成像规律	光具座、凸透镜、光屏、蜡烛、火柴
	探究	重力大小的相关因素	弹簧测力计、钩码、体积相同的铝块和铜块、质量相同的木块和铜块
	探究	水内部压强的特点	压强计、水杯、刻度尺

表 3-2　八年级学生实验和探究

年级	类别	实验名称	参考实验器材
八上	探究	浮力大小的相关因素	演示测力计、阿基米德原理演示器、铁架台
	探究	影响物质溶解性的因素	白色无水硫酸铜粉末、水、酒精、酒精灯、三脚架、烧杯、玻璃棒、石棉网
	实验	硫酸铜晶体的制备和生长	量筒、烧杯、药匙、滴管、玻片、温度计、20 厘米长的线、显微镜、酒精灯、三脚架、石棉网、玻璃棒、硫酸铜、棉花
	探究	探究植物对水的反应	生长速度比较快的、根系较明显的植物（大蒜、葱等）、适合的土壤、水、容器
	实验	研究串、并联电路的电流特点	干电池两节、小灯泡两个、开关三个、电流表、导线
	探究	影响导体电阻大小的因素	电池、电流表、开关、导线、灯泡、电阻定律演示器
	实验	研究串、并联电路的电压特点	干电池两节、小灯泡两个、开关一个、电压表、导线
	★实验	用电压表和电流表测导体的电阻	电池、开关、导线、待测电阻、滑动变阻器、电压表、电流表

年级	类别	实验名称	参考实验器材
八下	探究	影响电磁铁磁性强弱的因素	匝数不同的螺线管、大铁钉、学生电源、滑动变阻器、导线、开关、大头针
	实验	装配直流电动机模型	直流电动机模型、电池、滑动变阻器、开关、导线
	探究	产生电磁感应现象的条件	灵敏电流计、磁铁、线圈、电源、开关
	实验	认识简单分子模型	球棍模型、比例模型、各色小型球棍材料
	探究	初步认识元素周期表	元素周期表、相关资料
	★实验	氧气的制取和性质的研究	大试管、单孔橡皮塞、橡皮管、玻璃导管、集气瓶、水槽、铁架台(带铁夹)、坩埚钳、酒精灯、玻璃片、木条、火柴、粗铁丝、木炭、铝箔、棉花、澄清石灰水、高锰酸钾
	★实验	二氧化碳的制取和性质的研究	长颈漏斗、锥形瓶、单孔橡皮塞、玻璃导管、集气瓶、玻璃片、盐酸、石灰石、软塑料瓶、烧杯、蜡烛、蓝色石蕊试纸
	★探究	植物光合作用需要二氧化碳吗?	500毫升烧杯1只、大试管1支或50毫升烧杯1个、白瓷砖或培养皿1个、三脚架、石棉网、滴管、镊子、软木或较厚的黑纸2片、大头针、火柴、酒精灯、95%的酒精、氢氧化钠溶液、清水、碘液、热水、一盆在暗处放置2—3天的天竺葵
	★实验	观察木质茎的结构	三年木质茎(木槿或椴树等)的永久切片、显微镜等
	探究	茎运输水分和无机盐的部位	植物枝条、烧杯、红墨水、放大镜

表3-3　九年级学生实验和探究

年级	类别	实验名称	参考实验器材
九上	探究	在盐酸除铁锈的实验中，气体是由什么反应生成的	稀盐酸、生锈的铁钉
	★实验	土壤酸碱性的测定	木棍、废报纸、玻璃棒、试管、蒸馏水、pH 试纸、窗纱一块、布袋
	实验	碱和盐的性质	试管、胶头滴管、玻璃棒、多空瓷板、澄清石灰水、石蕊试液、酚酞试液、稀硫酸、稀盐酸、氯化铜溶液、氯化铁溶液、硫酸铜溶液、氯化钡溶液、硝酸银溶液、碳酸钠溶液、蒸馏水、二氧化碳发生装置、导管、橡皮管
	探究	比较铁与铜、铜与银的化学活动性	钢丝、铁丝、硫酸亚铁溶液、硫酸铜溶液、硝酸银溶液
	★实验	物质的鉴别	氯化钡溶液、硝酸银溶液、稀硝酸、碳酸钠溶液、石蕊试液、酚酞试液、蒸馏水、试管、硫酸铜粉末、氯化钠粉末、硝酸钾粉末、氢氧化钠粉末
	★实验	研究杠杆的平衡	杠杆及其支架、钩码、直尺、细线
	探究	灯泡的亮度跟电功率的关系	低压电源、小灯泡、开关、导线、电流表、电压表
	★实验	测定小灯泡的功率	小灯泡、电流表、电压表、滑动变阻器、开关、低压电源、导线
	★探究	影响酶催化作用的因素	试管、淀粉、碘酒、淀粉酶溶液、蒸馏水、烧杯
	实验	解剖牛的心脏	牛心、蜡盘、解剖刀、镊子、剪刀

续表

年级	类别	实验名称	参考实验器材
九下	实验	制作 DNA 双螺旋结构模型	硬纸板、细铁丝、圆形塑料片若干、双层五边形塑料片若干、长方形塑料片若干、粗铁丝、订书机
	实验	观察酵母种群	显微镜、载玻片、盖玻片、滴管、试管、试管架、无菌葡萄糖培养液、酵母培养物、标签纸
	实验	制作生态球	螺丝(或小鱼、小虾)、水草、澄清池水、凡士林、镊子、大试管、试管架
	实验	血管阻塞对血液流动的影响	分液漏斗、大玻璃管、细玻璃管、胶塞、橡皮管、玻璃棒、铁架台(连夹)、橡皮泥、烧杯、量筒、牙签

注：加★的为重点实验。

传统的学生实验课教学模式单一，互动性不足，教学实效性较差，最致命的一点是时间不够用。在实验室里的一节课时间好像特别短暂：教师多讲，学生就做不完实验；教师不讲，学生就做不好实验，真正能完成实验的学生往往是班级里成绩比较好的，学困生只能充当旁观者。面对这样的现状，教师也感到"心有余而力不足"。如何改善这样的局面？我们可以通过制作微课，用类似翻转课堂的方法来解决问题。根据实验自身的特点，我们把学生必做实验微课主要分为两类：一种是操作类实验微课，另一种是探究类实验微课。

【案例】八年级下册——"氧气的制取和性质的研究"

本实验就是非常具有代表性的操作类实验。"查装定点收移熄(茶庄定点收利息)"(如图3-4)——制取氧气的每一步操作都有它特定的要求和意义,发生装置如何组装加热、收集装置如何去除气泡收集纯净的氧气对学生来说都是难题,任何一个操作的失误都会导致实验进行不下去。等氧气制取好了之后还要检验氧气的性质,这里点燃各种反应物的操作又是一个个有特定要求的难点。如此多需要示范和讲解的要点集中在一个实验中,我们发现学生很难一下子掌握到位,所以学生进入实验室之后就非常慌乱,像"打破试管""装置漏气""集气失败"等状况也频频发生。教师只能穿梭于实验室的各个小组之间,忙于解决学生出现的各种各样的问题。直到下课铃响,能独立完成的小组可能屈指可数,而大部分的同学只能望"氧"兴叹。

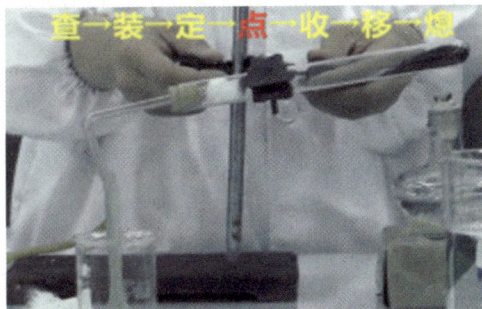

图3-4　制取氧气

操作类实验微课注重实验操作的技术指导,初中科学有很多实验就是以操作为主的(见表3-4)。为了使绝大多数同学能在实验课上获得对知识的体验感,并能通过制取氧气的操作对今后进一步学习其他气体的制取进行能力迁移,我们希望学生在进实验室之前就能对整个实验的操作流程有一个清晰的认识,因此让学生观看学生必做实验微课的环节就显得尤为重要。

表 3-4 常见操作类实验

	实验名称	主要实验操作
1	测量物体的长度和体积	刻度尺的使用,排水法测体积操作
2	观察动物细胞和植物细胞	制作装片(滴、撕、展、盖、染),显微镜的操作方法
3	制作小型地球仪	圆规、卡尺、量角器、钳子等工具的操作方法
4	硫酸铜晶体的制备与生长	用温度计、烧杯、玻璃棒、酒精灯等制备硫酸铜晶体
5	用电压表和电流表测导体的电阻	连接电路操作,电流表、电压表、滑动变阻器的使用
6	氧气的制取和性质的研究	仪器装配、装药加热、气体收集、检验等操作
7	土壤酸碱性的测定	获取土壤浸出液,pH 试纸的使用
8	解剖牛的心脏	解剖刀、镊子、剪刀等工具的使用

实验微课就相当于一位随行的科学助教,在微课中,我们侧重用通俗易懂的字词提炼步骤,方便学生掌握实验操作顺序,比如"配制溶液"三部曲、"粗盐提纯"中的"溶解过滤蒸发结晶"等;在微课中,我们侧重渗透"细节决定成败"的理念,将一线教师多年来的教学经验浓缩整合,给予学生重点操作的提醒,但又不是全盘讲授,在一些需要分析的环节,我们就设置问题让学生静下心来思考,弥补了学生课堂上思考时间不够的遗憾;在微课中,我们还能提供最规范的操作示范,弥补了观看文字的抽象感,学生只要一空出时间就可以跟着这位"小助教"熟悉实验操作,还可以利用家中的材料模拟实验操作,比如排水集气法中将集气瓶装满水并倒扣入水槽中的操作就可以在家里照着实验微课用茶杯茶垫进行练习。如此,学生就可以放心大胆地走进实验室了。

　　操作类实验微课不仅能建立学生对实验过程的内化认识,更能为教师的教学"锦上添花"。比如"解剖牛的心脏"实验(如图3-5),解剖操作的特殊性,导致很多教师和学生都"望而生畏"。因此,我们特别邀请生物专业的科学教师倾力打造了"解剖牛的心脏"实验微课,其不仅解决了制作者所在区域内的教师教学问题,还通过各教育平台,如"科学帮帮帮""之江汇"等对外发布,让更多的教育工作者可以学习共享。原来我们担心该实验微课的推广会让教师用播放微课的方法代替做实验,而实际上,我们发现很多教师已从单纯地播放实验微课转变到初步地敢自己动手做演示实验了,仔细一问,才知道,原来很多教师在大学中没有经历过这个实验的培训,而且觉得很难操作,对此实验退避三舍。多次看了这个实验微课后,他们发觉自己也会了,觉得不难了,动手试试的欲望很强,这样的实验微课水到渠成地完成了对教师的培训,完成了让师生从"旁观者"到"实践者"的蜕变。

解剖牛的心脏

目　标
1. 了解心脏的构造。
2. 学习用解剖的方法认识生物器官。

器　材
牛的心脏(或方便得到的其他哺乳动物心脏)、蜡盘、解剖刀、镊子、剪刀。

过　程
1. 根据图所示位置,辨认牛心的各个部分。
2. 比较主动脉和肺静脉,哪一条血管的管壁较厚?
3. 沿图上虚线把心脏剖开,然后用镊子将心脏内的血块取出。
4. 比较左心室和右心室,哪个心室的肌肉较厚?
5. 用剪刀把主动脉和肺动脉的管壁剪开,观察管壁内的瓣膜。请你试着将瓣膜的外形画出来。
6. 找到心房与心室之间的房室瓣,观察其瓣膜结构。

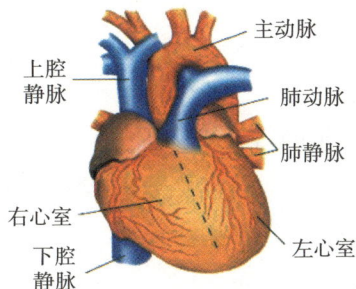

图 3-5　解剖牛的心脏

【案例】九年级上册
——"探究温度对酶的催化作用的影响"

本实验探究不同温度对唾液淀粉酶催化分解淀粉的影响,最后通过观察水解后的产物遇到碘液呈现不同的颜色来获得结论。教师对本实验的设计思路和易错点已经了然于胸,但是学生不一样,他们是初次上阵,即便在充分理解实验原理的前提下,由于实验步骤比较多,所以在实验设计时,学生的思路也往往是比较混乱的。何时向6支试管中分别滴加等量的淀粉溶液和唾液淀粉酶溶液、何时水浴加热、何时振荡混合、何时滴加碘液等,处处都是"陷阱"(如图3-6)。虽然在课堂上教师的引导和演示能够帮助学生理清思路、分析原因,但是学生毕竟是跟着教师的步伐走,无法一下子将其内化成自己的理解,也就无法记忆深刻,导致轮到自己进行探究时又是一团乱麻。

图3-6 探究温度对酶的催化作用的影响

探究类实验微课有别于操作类实验微课的主要方面就是注重培养学生的科学思维和科学方法的渗透,不仅要让学生知道怎么做,还要让学生了解为什么要这么做。它注重问题的逐步深入,循序渐进地牵引和启发学生的科学思维。通过观看探究类微课,学生可以将课堂上碎片化的探究思路完整地梳理一遍,整理成实验探究流程图(如图3-7)在实验时对照,既解决了个体接受程度不一致的问题,又很好地帮助每一位学生参与实验,还能够将教师完全解放出来去指导学困生,真正实现了面向全体学生、以学生为主体的核心教育理念。

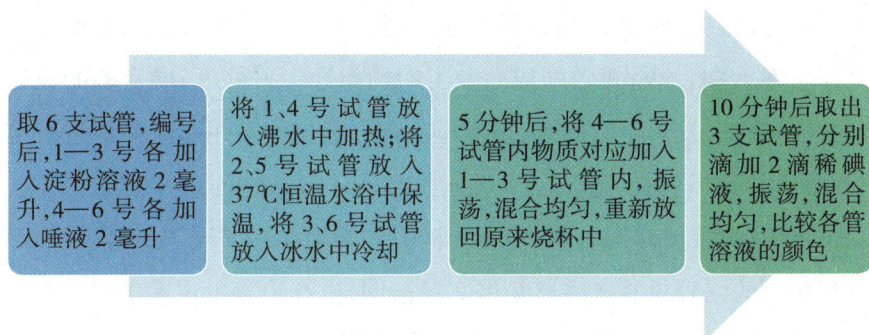

| 取 6 支试管,编号后,1—3 号各加入淀粉溶液 2 毫升,4—6 号各加入唾液 2 毫升 | 将 1、4 号试管放入沸水中加热;将 2、5 号试管放入 37℃恒温水浴中保温,将 3、6 号试管放入冰水中冷却 | 5 分钟后,将 4—6 号试管内物质对应加入 1—3 号试管内,振荡,混合均匀,重新放回原来烧杯中 | 10 分钟后取出 3 支试管,分别滴加 2 滴稀碘液,振荡,混合均匀,比较各管溶液的颜色 |

图 3-7 实验流程图

"耳听为虚,眼见为实",相比于教材的文字描述、教师的语言表达,学生必做实验微课的最大特点就是直观。它直接展示教师、学生的实验过程和规范操作,让学生看得懂,并且能模仿操作。同时,它的呈现方式是逐步展示的,常用字幕或语音来提示关键步骤和总结性内容,确保实验教学的有效性。学生必做实验微课帮助学生落实实验设计的可行性、实验操作的规范性、实验步骤的严谨性、语言描述的科学性、数据处理的精准性、实验结论的完整性等,从而使学生养成端正的科学态度,积累实验操作的经验,不断提升科学素养。

家庭拓展实验微课

家庭拓展实验简单来说就是利用家中有限的资源,进行科学性实验,实现小范围理解生活中的小常识。家庭拓展实验是教师演示实验、学生必做实验的有力补充。针对教学中的重难点,学生在家里,利用身边的瓶瓶罐罐等器材,用最简单、最贴近生活的方法,获得最直接的感性知识。家庭拓展实验也因其取材方便、操作简单、内容多变、方法灵活等特点而深受学生喜欢。但是拓展实验需要有效的指导,比如常见的实验仪器和药品源于哪里?是家里有还是网上买?拓展实验最需要保障的是安全性,这时候需要教师或专业书籍的指导。另外,拓展实验的设计要关注如何启发学生的思维,要求学生能创造性地利用所学知识进行实验,感受到知识就在身边、科学源于生活等。而这些的落实往往由于在课堂上、在学校里时间有限,教师无法去和学生沟通交流。于是,我们可以将相关的内容录制成家庭拓展实验微课,推荐给学生观看学习。在实验微课的影响和指导下,学生在家自主实验就会变得更主动、更有效。

像"自制泡腾熔岩灯""磁悬浮笔芯"这样的实验微课介绍的是如何利用家里现有的材料对课本实验进行巩固和加深,如图3-8(a)所示。"自制泡腾熔岩灯"模拟的是自然界火山喷发的原理和现象;"磁悬浮笔芯"则是课堂上磁悬浮列车的翻版,这里利用的是同名磁极相互排斥的原理,装置虽然简单,但是制作仍需要技巧,如何让笔芯比较稳妥地悬浮在正中间,这就需要实验微课进行点对点的指导和调试。如图3-8(b)所示。

奇妙泡腾熔岩灯 (a)   神奇的磁悬浮笔芯 (b)

图3-8 家庭拓展实验微课

像"探究植物的向性运动"这样的实验微课,如图3-9(a)所示。它针对的是在教材知识的基础上对学生提出的要求更高的独立探究实验,让学生对已学知识进行深化应用;"3D全息投影"实验微课,如图3-9(b)所示,则是为了拓展教材内容、培养学生动手能力的拓展性实验而制作的,让学生体会到高科技技术其实也是建立在基础知识之上的。家庭拓展实验微课大多原理性较强,以科学的原理为指导,按照科学的方法或步骤展开。相对应地,这些步骤通常都有内部的原理和逻辑。微课拍摄前进行精心的设计,避免拖泥带水、随意穿插。如果一个实验微课没有实验原理或者科学思想、科学方法的支撑,就缺少了主心骨,只能称为小制作教学视频了。

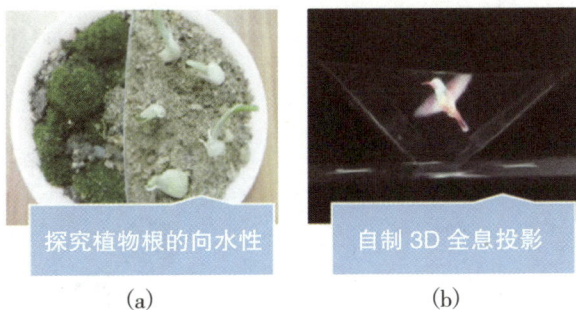

探究植物根的向水性　　　　　　自制3D全息投影

(a)　　　　　　　　　　　　(b)

图3-9　家庭拓展实验微课(2)

"针筒系列"实验(如图3-10)就是非常典型的"一物多用",利用针筒能做很多的小实验。比如"粗测大气压",这样的实验在考试中出镜率很高,我们完全可以针对考题中的几个实验要点录制成一节微课,在如何排尽空气、如何密封、如何控制拉力方向等方面给予详细的介绍。有了实验微课的指导,学生们对整个实验过程的原理和误差分析就有了深刻的理解。在实验中,小小针筒也发挥了巨大的作用,因为它不仅有刻度,而且有一个封闭空间,具有一般化学仪器所不能替代的优点。在实验微课中,我们将呈现利用针筒进行气体收集、尾气处理、试剂反应等,使学生发散思维、改进实验装置。当然,针筒也能用来开展趣味性实验,比如做成打气筒、液压机、抽水机……多么神奇啊！如果继续开动脑筋，是不是还能想出更多的用法呢？我们借助实验微课，向学生呈现出许许多多的一物新用、一物巧用、一物实用的科学小实验，引导学生从多种角度、多个侧面、多种层次产生奇思妙想，创新分析问题和解决问题的途径，培养从小处着眼，将课堂与生活融会贯通的综合性思维。比如利用生活中随处可见的塑料瓶、塑料袋、吸盘、镜子、吸管、乒乓球等，都可以开发出一系列"一物多用"的低成本实验，"一物多用"具有神奇的功效，能调动动学生的主体作用、参与意识和创新思维。

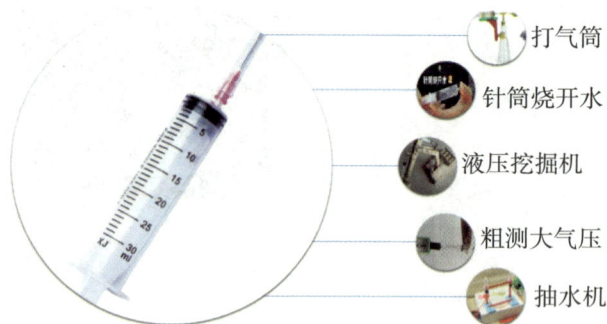

图 3-10 "一物多用"的拓展微课

无论是哪一种家庭拓展实验，如果教师发布完任务就交由学生自己查阅、摸索、模仿，学生都势必还会遇到专业知识不足、技术操作不到位、独立设计有困难等问题。所以，我们引入实验类微课，在一些超出学生能力的关键点上，给予学生有针对性的指导，助他们一臂之力。家庭拓展实验微课区别于其他微课的特点之一就是满足实验探究需求，从内容设计上更加注重实验方法、过程设计等，让学生在思考探索过程中得到思维的锻炼。一节好的家庭拓展实验微课应该突出5个指标：①贴近生活；②趣味性强；③操作简便；④拓展思维；⑤科学规范，让学生立足课本、发散思维、拓展技能，最终收获成功的喜悦。

应用:预习准备、弥补缺憾、创新拓展

实验类微课源于教材、辅助教学、利在可持续。根据实验内容,我们将实验类微课分成三种类型:教师演示实验微课、学生必做实验微课和家庭拓展实验微课。为了克服科学实验的各种条件限制,排除各种偶然因素的干扰,提高实验现象的可见度,解决实验瞬时性、难再现的缺点,最大限度地发挥实验类微课的示范作用,我们根据不同实验类微课的适用时间,配合师生的实际需求将实验类微课分别应用于课前预习、课中协助、课后拓展和考前指导的环节,以使实验微课出现在最佳时刻,发挥最大的辅助作用。

课前预习,助力学生实验的落实

学生必做实验在科学教学中落实为实验课。学生在科学课堂上学习了相关实验内容后,对进入实验室十分期待和向往,而通过实验中的切身体验,学生也能建立起最直观感悟,因此学生对实验课向来格外地感兴趣。但是短短的 45 分钟时间,由于实验装置的繁杂,对实验步骤的陌生、实验技能的匮乏等,使实验课完成进度大打折扣,效果也很不尽如人意。"费时""低效"是教师不愿意让学生在课堂上放手做实验的重要原因。因此,如果教师能在实验课前未雨绸缪,给学生推送高质量的实验指导微课,让学生进行有针对性的观看,带着有条不紊的实验思维上课,就可以大大提高课堂效率,学生也不会再像无头苍蝇一样等着教师来指明方向,更不会在吵吵闹闹中成为看热闹的旁观者。下面,我们以"观察动物细胞和植物细胞"这一实验微课为例,来说明实验类微课在课前预习中的优势和效果。

【案例】七年级上册——"观察动物细胞和植物细胞"实验

亟待解决的问题：

该实验集中体现了学生实验中的困难，器材繁多、操作复杂，而且该实验对实验器材的使用、操作顺序的安排、实验现象的观察、观察结果的记录等都有非常细致的要求，如果学生在做实验之前没有在脑子里预演过多遍，到了实验室看到一桌子的器材就会不知所措。而教师希望学生在课堂内仅仅通过反复尝试就能顺利完成所有的任务，几乎是不可能的，更何况学生对操作本身非常生疏，而且对容易出错的地方也根本没有预见性，在实验操作过程中常会错漏百出。这样的学生实验课，最后往往只有极少数学生可以体验成功，大部分学生只是在此起彼伏的寻求教师帮助的声音中凑了回热闹。

本实验微课的重点指导：

"观察动物细胞和植物细胞"的实验微课侧重指导实验操作的规范性。

(1)规范的器材准备。

实验桌是实验操作的场地，一张整洁的实验桌会让人更容易静下心来。"好的开始是成功的一半"，因此实验前要清点实验器材、关注摆放顺序；"有始有终"是实验的最基本要求，因此实验后要清理实验器材、整理桌面。但是当实验器材比较多的时候，学生们就顾不过来了。在实验微课中，我们提醒学生需按照实验要求备齐所需器材(如图3-11)，除特别说明外尽量不用其他物品代替。本实验微课中通过器材从左到右的规范摆放；器材中解剖针、镊子等工具的规范命名；纱布、吸水纸不能混用，更不能用纸巾代替等器材的规范选择，切实落实器材准备的规范性。

图 3-11　规范的器材准备

(2)规范的操作细节。

　　学生的操作习惯一旦形成就不太容易改变,因此在作为示范的实验微课中更要把规范操作的细节放大、强化。如用纱布擦拭载玻片(如图 3-12)、在载玻片中央滴上清水(如图 3-13)等操作细节,必须做到与教材规定一致。为了全方位展示操作细节,本微课在多机位拍摄时,动用了多位教师协助,而且给手部操作加了特写,细致拍摄、近景呈现,在光线不足的地方还特意用台灯或补光灯进行双侧位补光,让学生看清楚、看明白,达到了非常好的演示效果。

图 3-12　用纱布擦拭载玻片

图 3-13　在载玻片中央滴上清水

(3)规范的步骤顺序。

实验操作顺序往往决定实验的成败,如果有些操作调换了顺序,结果将会大不一样(如图3-14)。本微课有:准备→取材→盖片→染色→整理等多个步骤,因此在实验微课中我们按照先后顺序逐一呈现,并标上步骤一、步骤二等序号。在每一个步骤之前,用PPT呈现即将进行的步骤的标题,图文结合,使实验指导更加明确。学生可以边看微课边记录实验流程,并把它带入实验室,通过这样的方式,学生可以更加有序地完成每一项实验步骤。

步骤一	步骤二	步骤三
准备	**取材**	**盖片**

  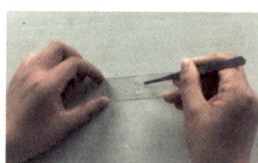

图3-14 规范的步骤顺序

(4)规范的语言表达。

规范的语言表达是实验类微课的标配,因此,在演示的过程中,措辞表述、过渡提示等都必须规范。通过传递规范的科学用语、严谨的表达方式,达到"标杆"的作用,便于学生形成良好的科学素养。比如"撕洋葱表皮"的操作用专业术语规范表达就是"取材",而用红墨水染颜色则应该简洁明了地用"染色"来表述。实验微课的语言由于具有示范性,因此必须做到"去口语化"。

实验类微课语言的最大特点就是规避了随意性和口头禅。比较重要的话语在配音的同时应配上字幕或重点突出以示强调。规范的语言表达会让学生体会到科学实验的专业性，更能潜移默化地提升学生的语言表达能力。

本实验微课达成的效果：

教师将如此专业的实验类微课提供给学生，就可让学生在电脑上反复观摩、仔细对照。如果学生在课前结合教材和该实验的指导微课进行完善的预习，那么在真正的操作过程中就会节省不少时间。虽然一个实验微课不能代替真实的动手实践，但是它可以让学生有更多的时间去理解操作不规范所带来的后果，切实有效地帮助学生巩固实验的重难点，让学生能够轻松避开容易出错的地方。

除像"观察动物细胞和植物细胞"这样操作要求较高的学生实验以外，实验类微课还可以为很多探究实验提供课前预习资源。比如在"研究杠杆的平衡"实验(如图 3–15)中，探究杠杆平衡的条件是主

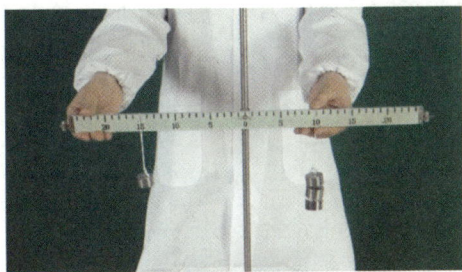

图 3–15　研究杠杆的平衡条件

线，但是其中同样需要步骤繁多的操作，包括杠杆如何组装调平、多个钩码的使用和悬挂位置的调节技巧、实验数据的记录、表格的设计等。对学生而言，他们在一节课里要把这些操作要点全面消化是非常困难的，

所以课前有效、有针对性、可视化的预习就能帮助自己解决一部分操作问题，这样就可以把更多的课堂时间留出来，进行思维碰撞。通过实验类微课进行预习，必然能助力优化课堂教学。

课中辅助，弥补"老大难"演示的缺席

课堂演示实验往往是一节科学课中最吸引学生的环节，相比于枯燥的识记和讲解，实验要生动得多。因此，为了更好地抓住学生的眼球、更好地为教材内容服务，一线教师都会千方百计地通过演示实验来调动学生的学习积极性，活跃课堂气氛。但是由于现场实验要求"一次过"，所以其中的困难和问题也是不胜枚举。前面已经总结过，生物实验耗时太长，材料获取困难；物理实验误差大，失败率高；化学实验危险性高，现象不明显。正因为如此，这些教材上的演示实验就变成让一线教师伤脑筋的"老大难"。

实验微课借助其本身短小精悍可视化的特点，正好可以帮助一线教师搬开这些"绊脚石"。如果我们将这些"老大难"演示实验采用实验微课来呈现，不仅可以很好地解决耗时太长的问题，节约宝贵的课堂教学时间，还能解决高要求、高危险、高失败的难题，将演示实验的最佳效果呈现在学生面前，其对科学课堂教学的辅助作用不言而喻。

八年级的"光合作用"系列实验由于每个都需要将植物置于阳光下2—4小时之后才能操作，所以在课堂45分钟的时间内是肯定不可能完成的任务，再加上该系列对实验设计、实验操作、实验结论有很高的要求，真可谓是"老大难"的典型代表。那么，就以此为例，看看我们是怎样设计制作"探究光合作用需要光照"实验微课，将这个"老大难"实验落实在课堂内外的吧！

【案例】八年级下册——"探究光合作用需要光照"实验

亟待解决的问题：

光合作用是绿色植物三大生理过程之一，也是一个重要的考点。实际教学中，由于光合作用系列实验数量多、耗时长，即使前期准备时间不算，每个实验也还需要至少 30 分钟才能做完，因此，教师在课堂里往往是"讲光合作用实验"。学生看着教材上的几张图片，配合着教师的讲解，只凭想象和记忆，把重要的"光合作用"系列实验学完，他们的内心想必是相当失望的，没有真正实验的课堂教学就这样一次次地让学生远离科学。

本实验微课的重点指导：

"探究光合作用需要光照"的实验微课侧重实验的设计和观察。

本实验的两个变量分别是叶绿体和光照。实验中有很多前期准备工作和操作细节需要注意，这些注意点同样也是保证实验成功的关键。

①自己录制"暗处理"（如图 3-16）。为了避免叶片中原有的有机物对实验的影响，我们要事先将植物放在黑暗的地方（一般可套进黑色塑料袋中）一昼夜，以消耗完叶片中

图 3-16　暗处理

原有的淀粉。此过程耗时很长，可又必须完成。在实验微课中，学生看着视频中的教师用黑色垃圾袋把植物遮得严严实实，感觉真实而有趣；同时，视频中教师又鼓励同学们仿照教师的方式自己进

行一次"暗处理",学生那颗心也因此会变得蠢蠢欲动。微课中整个过程以快进的方式来呈现,节省了许多时间。

②近距离放大"遮光处理"(如图 3-17)。对"遮光处理"这个操作,学生不太清楚应该怎么做比较合适。微课中不会直接告诉学生该怎么做,而是反问学生:"如果你是实验者,你是选一片叶片还是两片叶片来设置对照组呢?具体该这么做呢?"学生通过按暂停键思考后,再来看看教师揭开的谜底。为

图 3-17 遮光处理

了最大限度地控制好变量,我们近距离拍摄"选取一片叶片,用两张大小相同的铝箔在叶片绿色部分的相同位置从上下两面盖严,并用大头针固定,从而形成被遮盖部分无光照而其余部分有光照的对照组"的过程。如此巧妙的控变操作与细致到位的示范操作,让学生心神合一地参与到这个实验中来,学生想模仿教师也去做做实验的心又开始蠢蠢欲动了。

③温馨提示"脱色处理"的细节(如图 3-18)。实验中我们需要将碘液滴在叶片上,观察其是否变蓝。可由于植物细胞内含有叶绿素,对显色会产生影响,所以我们需要将叶片中的叶绿素除去,这个过程就是脱色处理。由于"脱色处理"的步骤比较复杂,所涉及的器材也比较多,因此学生容易混淆操作顺序和器材搭配。实验微课中,将整个流程清晰有条理地展示出来,无论是水浴加热、酒精萃取还是清水漂洗的,都能让学生观察得清清楚楚。在特

别重要的地方,比如"水浴加热"的操作,我们还可以通过暂停、放大、提问、讲解等方式,确保每一个同学都能学得明明白白。又如,碘液的浓度多少合适、脱色后和滴加碘液后颜色的对比等问题都可以在微课中清晰地点明。

图 3-18　脱色处理:水浴加热→酒精萃取→清水漂洗

本实验微课达成的效果:

利用以上微课,我们把周期长的实验浓缩到近 10 分钟的时间里,课堂上教师利用问题进行教学,而微课灵活插入,随播随停,配合师生一起来探究。微课中真实的画面让学生有身临其境的代入感,课堂上当教师拿出"暗处理"好了的叶片准备进行接下去环节的探究实验时,学生一定很想看看那片叶片"遮光"与"不遮光"的部分是否真的会出现颜色的差异。他们的实验兴趣被真正点燃,思维的火花就此绽放。我们把以上做法称作"半实验半微课",教师的示范和实验的有趣让"光合作用"系列实验开展率越来越高,那些原先用讲实验代替做实验的教师,那些原先背实验的学生,都开始动起手来。课内与课外相结合,实验与微课相结合,真正相得益彰,促进科学素养的形成。

在实验类微课中,我们将精练的术语、专业的操作、合理的设计无缝对接在一起,给同学们纪录片式的完美感官体验,使同学们爱上科学课。

教过九年级科学的教师一定对铁和硫的反应印象深刻,为什么呢?因为大家都知道这个实验很难做成功,一是第一步加热引发反应就很容易失败,二是红热部分一直延展的现象实现不了;除此以外,这个反应会产生大量的二氧化硫气体,刺鼻呛人、污染室内环境,影响师生健康,不利于学生环境保护意识的养成。此实验在实际教学中属于"老大难"。那为什么教材上还安排了这个实验呢?我们认为这个实验取材容易、操作方便且现象明显,并能前后对照证明铁与硫反应生成了新的物质硫化亚铁,是一个非常有代表性的金属与非金属反应的实例。如果因为实验存在的一些困难,我们就用"讲"来代替实验,那势必会使学生因缺少对实验现象的观察而缺失对典型反应的兴趣和深入理解。为解决教与学的这个矛盾,我们将"铁和硫的反应"制成了微课,协助完成对此实验的教学。

【案例】九年级上册——"铁和硫的反应"实验

(1)反应物科学配比的实验现象(如图3-19)。

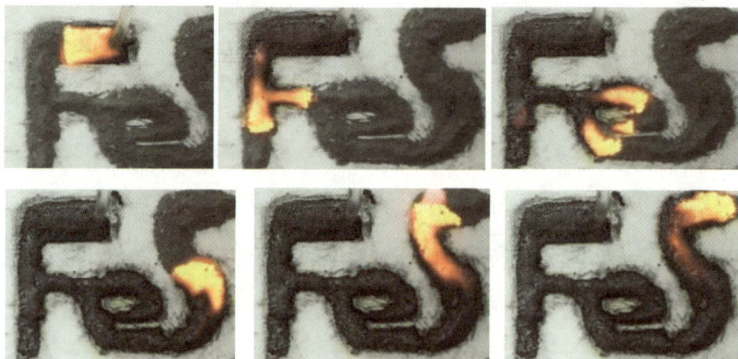

图3-19 铁和硫的反应

　　为了搞清楚为什么这个实验成功率那么低,制作微课的教师们尝试了很多方案。我们发现铁和硫的质量配比至关重要,如果铁放得太多,反应就很容易终止;如果硫放得太多,就会产生大量的二氧化硫有毒气体;如果像教材中所说的将混合物放在试管中加热,结果就是实验完毕试管报废,因为生成的产物会粘在试管里面很难取出。经过反复尝试,我们将硫粉与铁粉以32:56的质量比混合后平铺在纸上,用红热的玻璃棒加热混合物的一端,反应开始之后,红热的部分会一直缓缓延展至末端,实验现象非常漂亮,我们的实验微课就记录下了这完美的过程。虽然在课堂上播放微课只需短短几分钟,但是微课的制作却凝聚了众多一线教师的智慧与心血,也在无形中促成了教师对演示实验的深入研究。

　　在尝试过程中,我们还有意外的收获,我们发现,如果配比不科学(硫粉过量)的话,铁和硫的反应也是很危险的。

　　(2)反应物配比出现错误的实验现象(如图3-20)。

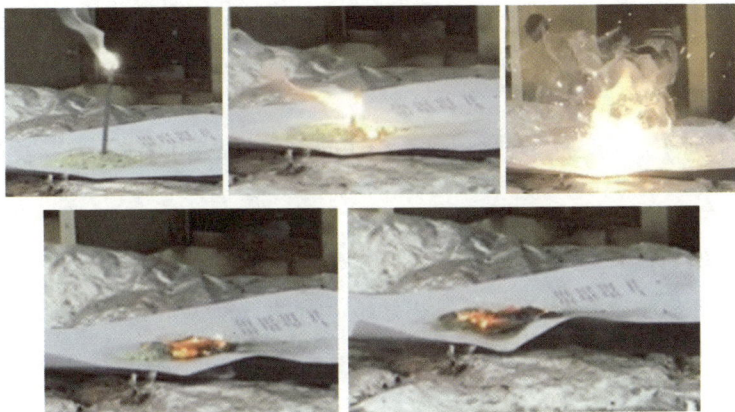

图3-20　用镁条加热铁粉与硫粉的混合物

当我们用镁条加热铁粉和硫粉的混合物时,竟然发生了小"爆炸",火星像烟花一样四散开来,刺鼻的气味让教师们咳嗽了好几天。对于这种会发生"爆炸"的实验,相信在课堂内我们肯定是无法演示的,但是将其放在微课中展示并比较,学生们就会很激动,也会深刻地体会到:以后做科学实验一定要遵守规则,一定要注意反应物的配比,绝对不能随心所欲,否则会让自己或同伴陷入危险。相信这也是一节很好的实验安全教育微课。

课后拓展,延伸科学实验的触角

科学来源于生活也应用于生活,科学的很多知识和生活息息相关。长期以来,我们的实验教学仅仅局限在学校的课堂上和实验室里,这是很不够的,我们需要进行多种实验教学资源的共同开发和利用,将所学知识向课外生活延伸,将生活中的科学更好地运用到生活中。其中,家庭实验、社团活动与研学活动等为拓展实验的开展提供了多种途径。我们通过以下几个微课案例来领略一下实验类微课在课后拓展中的作用。

【案例】八年级下册——"自己会发光的小灯泡"实验

获取材料指导与实验现象引导:

我们曾经做过"自己会发光的小灯泡"的实验微课,在这个实验中,用的就是最简单的器材:一只小灯泡、一小捆漆包线和一个磁性较强的磁铁(钕磁铁)。但是很多学生并不知道从哪里可以获取这些器材,他们需要得到具体的帮助。我们在实验微课中告诉学生有些材料在家里就能找到，如果家里没有现成的，在杂货店里基本都可以买到，价格大约是多少，等等，为实验的顺利实施提供保障。利用这些器材，稍作处理，马上就可以做成一个特别有趣的小灯泡（如图3-21）。当磁铁靠近时，小灯泡居然会自己亮起来，这是怎么回事呢？其实这里面就蕴含着发电机的原理。如此有趣的实验现象，具有极大的吸引力，大大激发了学生亲自动手尝试的欲望，原来的只看不做变成了亲力亲为，体验感、成功感满满。本微课还启发学生多利用身边的"边角料"，有意识地收集、整理、拆解、分类、组装生活中废弃的形形色色的材料，实现"瓶瓶罐罐当仪器，拼拼凑凑做实验"。

图 3-21　自己会发光的小灯泡

【案例】九年级上册——"自制酸碱指示剂"实验

操作指导与实验成果呈现：

在学习酸碱盐的性质时，我们学习了两种酸碱指示剂：紫色石蕊试液和无色酚酞试液，但是指示剂其实远远不止这么两种，所以我们可以制作一个微课来指导学生自制酸碱指示剂（如图3-22）。在"自制酸碱指示剂"的实验微课中，我们详细介绍了实验所需的材料（紫椰菜、玫瑰花等）及完整的操作步骤（研磨—萃取—过滤—

显色），学生完全可以在家中独立完成整个实验；实验过程十分像自己在做一道菜，非常具有趣味性；实验现象也非常明显，让学生一下子就能感受到颜色变化的神奇。学生被其中魔术一般的颜色变化深深吸引。通过微课中教师细致的操作指导和实验成果的清晰呈现，学生感受到实验的简便、易操作与趣味性，于是会马上行动起来，自动加入实验探究的队伍中。

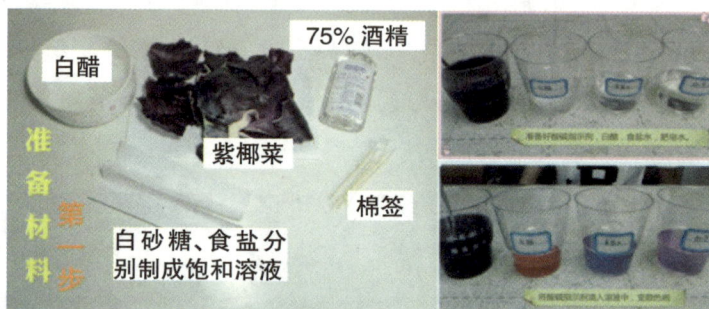

图 3-22　自制酸碱指示剂

【案例】八年级上册——"自制浮沉子"实验

　　学生进行课后拓展实验最大的困难显然是缺乏教师的指导。有关器材的准备和挑选、实验原理的查阅、操作过程的设计、制作过程中工具的使用、成品的检测和改进等各个环节中出现的诸多问题，都需要学生自己想办法去探索和解决。尽管学生可以寻求教师的帮助，但是教师不可能时时刻刻在身边，因此当学生遇到自己能力之外的问题的时候，就不能获得及时有效的指导，从而导致实验被搁置。这样的挫折势必会打击学生的积极性和探究的热情。如果学生在一次尝试中多次经历这样的挫折,比如浮沉子怎么样都不能实现上浮或下沉,这种无力的挫败感可能就会让学生选择放弃。

本实验微课的重点指导:

"自制浮沉子"的实验微课主要侧重于浮沉子的制作和调试。

①录制视频来指导学生动手完成学具的制作,其实该视频相当于一份高级说明书,可以有声有色、手把手地教学生完成制作(如图3-23)。

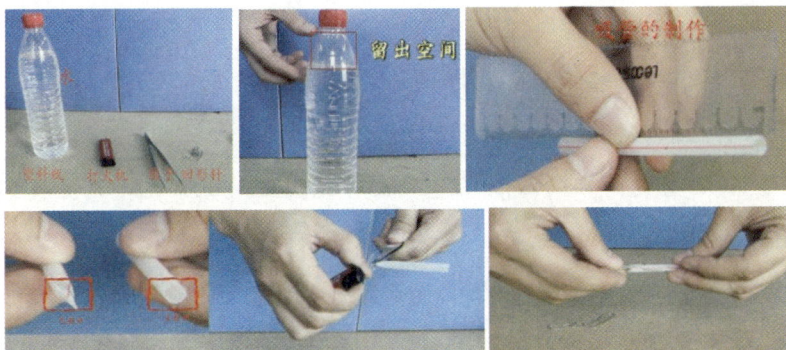

图3-23　浮沉子的制作

a. 准备好要用到的相关材料和工具。

b. 往塑料瓶内装水,注意水不能装满,需要在上部留出一部分空间。

c. 将吸管剪成大约5厘米的长度。

d. 将剪好的吸管用镊子夹住一端,用打火机进行封口。

e. 将封好口的吸管用回形针进行配重。

f. 配重时要进行调试，以塑料吸管一部分露出水面（漂浮）为宜。

g. 将配重好的吸管放入装好水的塑料瓶中，盖紧盖子。

h. 用力挤压塑料瓶，塑料吸管会下沉；松开手时，塑料吸管又会上升（如图 3-24）。浮沉自如的浮沉子就制作完成了！

图 3-24　试验浮沉子

②收集、介绍、比较更好的制作版本，升级制作教程，让学生体验仪器改装、实验改进的无限乐趣。

有没有更简单的做法呢？有没有更明显的现象呢？只要我们有一个转不停的头脑，有一双会发现的眼睛，自然会找到更巧妙的方法。比如说，只要在一个小瓶子里装入适量的水，倒扣入塑料瓶中，一个更漂亮的浮沉子就做好了。我们还可以用笔套、塑料滴管、玩具小章鱼等代替吸管，让浮沉子增加趣味性（如图 3-25）。

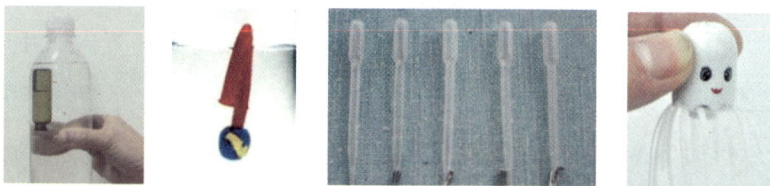

图 3-25　浮沉子的升级制作

③结合教材知识,追寻实验原理,完成实验现象的分析、解释、内化。

课后拓展实验并不仅仅是一项手工制作,更是一场头脑风暴。学生们制作学具,目的还是紧扣教学内容,更好地将知识融入情境中去理解和分析。一个小小的浮沉子,它的上浮和下沉到底是怎么实现的呢? 其中包含了很多科学的知识点。在实验类微课中,我们可以设问,让学生带着问题去思考、去讨论、去查阅资料,锻炼他们的诸多能力。最后再呈现完整的解释,供学生检验成果,深化知识(如图3-26)。

图3-26　实验现象的分析、解释、内化

本实验微课达成的效果:

浮沉子的制作看起来十分简单,但是实际操作中,很多同学反映:一开始总是做不成功。其失败的原因主要有两种,一种是他们的浮沉子一放入水中就沉底了,还有一种是即使使尽全力挤压塑料瓶,浮沉子也沉不下去。其实这主要就是配重不适宜造成的。因此,通过学习实验微课对"配重"这一难点的详细说明和突破性建议,绝大部分学生都可以调整好配重从而顺利制成浮沉子,不仅体验到实验成功的成就感,还可以在同学面前展示和讲解,进一步增强了自信心和表现力。试想一下,如果学生没有在微课的指导下亲身体验过,怎么知道配重的调节才是整个实验成功的关键呢?

总的来说,实验类微课选取贴近学生的生活实践、社会实践、科学实践的主题为基本内容,以学生个性养成为基本任务,带领学生走出校门,走出教材,走出传统知识的教授方式,给予教师及学生最广阔的空间、最灵活的时间。它通过介绍科技发展、自然探秘、社区环境、生活小窍门等途径让学生自主创新,充分合作,发展个性,将科学实验的触角向纵深延展,在开放性的活动中进一步发挥学生的创新精神和实践能力。实验类微课的出现,无形中打破了学生进行实验探究的局限性,帮助学生在学习科学的道路上跳得更高、走得更远。

考前示范,建立考生"零差错"的信心

2019 年 11 月教育部召开新闻发布会,会上发布的《教育部关于加强和改进中小学实验教学的意见》要求:把学生实验操作情况和能力表现纳入综合素质评价,2023 年前要将实验操作纳入初中学业水平考试,考试成绩纳入高中阶段学校招生录取依据;在普通高中学业水平考试中,有条件的地区可将理化生实验操作纳入省级统一考试。实验操作的考查中一般会有这样的一些技能要求(见表 3-5):①掌握常用基本仪器的构造,能正确使用仪器进行观察、测量和读数;②掌握有关实验的一般原理和实验方法;③会正确记录实验数据,并能进行分析和运算,得出实验结论;④了解误差产生的原因,并学会初步的误差分析和实验改进;⑤初步养成良好的实验习惯。随着各地实验操作考试的推进,学生们很需要一批能帮助他们复习迎考的数字资源。一般学校在考试前会安排学生再进实验室动手复习巩固,但是由于间隔时间长,学生大脑中可能只留下粗略的印象,对实验的操作细节和技能遗忘较多,进了实验室茫然不知所措,复习效率低。若能有一些实验微课来帮助学生回忆和示范,

那效果就会好得多。笔者所在的湖州市吴兴区前几年已经进行实验操作考查,应广大教师和学生的要求,我们制作了12个中考实验微课(见表3-6),这些微课让学生可以随时"温故"而"知新",并为学生考前示范辅导提供了有效的帮助。下面以"探究凸透镜成像规律"实验微课为例,看看微课中是如何对学生进行辅导提示的。

表 3-5　检测单(探究凸透镜成像规律)

检核试题	检 核 标 准	
	2分(全部正确)	0分(若有多项,错2项及以上)
探究凸透镜成像规律	组装器材	a. 透镜、光屏及蜡烛位置放错 b. 三者中心不在同一高度
	调节蜡烛、光屏与凸透镜的位置成倒立缩小的像并记录	a. 成像模糊 b. 像距或物距记录错误
	调节蜡烛、光屏与凸透镜的位置成倒立放大的像并记录	a. 成像模糊 b. 像距或物距记录错误
	观察虚像	没有观察到虚像
	实验习惯	a. 完成后没有整理 b. 操作不够正确规范 c. 其他小失误

表 3-6　初中科学实验操作测试(第一批测试实验目录)

第一册

序号	章节	实验名称
(1)	1.4	测量物体的长度和体积
(2)	2.2	观察动物细胞和植物细胞
(3)	4.2	用天平测量固体和液体的质量

第二册

序号	章节	实验名称
(4)	1.4	菜豆种子和玉米种子的结构
(5)	2.6	探究凸透镜成像规律

第四册

序号	章节	实验名称
(6)	3.3	氧气的制取和性质研究
(7)	3.4	二氧化碳的制取和性质研究

第五册

序号	章节	实验名称
(8)	1.3	土壤酸碱性的研究
(9)	2.2	物质的鉴别
(10)	3.3	研究杠杆的平衡
(11)	3.7	测定小灯泡的功率
(12)	4.1	唾液淀粉酶的实验

【案例】七年级下册——"探究凸透镜成像规律"实验

亟待解决的问题：

这个实验是光学中的经典实验,实验内容也是考试的热点。学生称其为三"繁"实验,操作繁难、数据繁多、结论繁(烦)琐。此实验对学生的实验操作能力、观察分析能力、数据处理能力、归纳推导能力都是一个很大的考验。作为复习,它属于验证性实验,但是由于学生遗忘多,感觉还是探究性实验,甚至探究方向盲目。经与学生访谈,我们发现学生在实验中主要面对以下困难:①如何摆放凸透镜、蜡烛和光屏? 如何调节"三心等高"? ②三个物理量:焦距、物距和像距的符号和含义都遗忘了;如何调节物体和光屏找到放大、缩小的像? 怎么样的像才算是清晰的像? ③如何读取物距和像距? 如何将物距、像距与凸透镜的焦距建立联系? ④实像和虚像的区别? 光屏上一直找不到像的原因是什么? 有的教师在复习时让学生背表格,或者背口诀,由于学生不知其中本质含义,机械化的操作和记忆让他们很是抓狂。

本实验微课的重点指导:

"探究凸透镜成像规律"的实验微课侧重帮助学生辨析易错的实验环节并让他们知道为什么要这么操作。

(1)放置"三物位置",调节"三心等高"。

光具座上从左至右应该摆放什么? 因为蜡烛是透过凸透镜成像在光屏上的,由此学生就清楚了三物的位置摆放关系。调节"三心等高"是学生常忽略的操作,为什么要调节? 微课中可呈现不等高的后果是什么。整个过程流畅清晰,学生一看便知为何要有此操作环节了(如图3-27)。

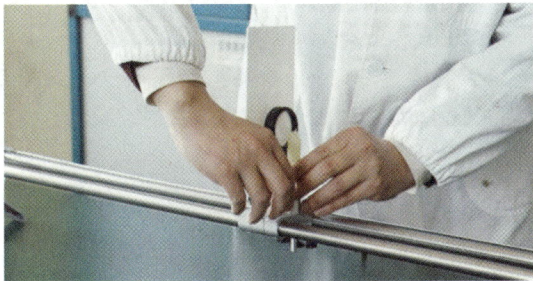

图3-27　调节"三心等高"

(2)寻找不同性质的清晰的像。

实验中我们发现学生总是比较盲目地移动物体,凸透镜移一下,光屏也跟着移一下,在来来回回的移动中碰运气。实际上学生不清楚应该固定物距,而物距的确定是有方向的,从两倍焦距以外到两倍焦距以内,由此引出问题:蜡烛和凸透镜放在哪个位置比较合适呢?微课中示范的教师建议把凸透镜固定在光具座50厘米处,然后将蜡烛移到光具座最右端2厘米处,点燃蜡烛之后缓缓移动光屏,直到找到清晰的倒立缩小的实像,记录此时的物距和像距(如图3-28)。由此学生对物距、像距有了较清楚的认识。实验中将物体放在一倍焦距与两倍焦距之间,当物体离焦点比较近时,学生会发现一直找不到像,对此微课中没有给出答案,而让学生思考为什么?怎么办?这些问题的启发会再次督促学生不能机械化地背诵实验。实验中我们还发现学生对"清晰"的像没有把握,战战兢兢,微课中提醒学生每个人对"清晰"的判断并不一致,所以允许误差的存在,不要犹豫,要对自己的判断有信心。

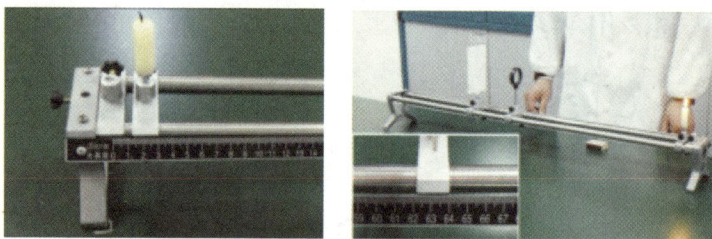

图 3-28　寻找倒立缩小的像

(3)归纳凸透镜成像的一般规律。

对于图3-29中实验表格中的数据,学生往往先死记硬背出来,再填入表格中,以此应付考试。但即使通过了实验操作考试,遇到中考相关题目时,还是无法解决问题。为此微课中借用技术的优势,在同一画面中将成像规律的视频、数据表和光路图关联同步,抓住 $u=2f$ 是成像正倒的分界点、$u=f$ 是成像虚实的分界点,为学生呈现"物进像退像变大,过了焦点换一边"的形象、连贯的变化过程,让学生在头脑中建立起一个一气呵成的凸透镜成像动态模型。如此动感十足的画面感和学生实验操作的体验感,让学生不再为背实验而苦恼了。

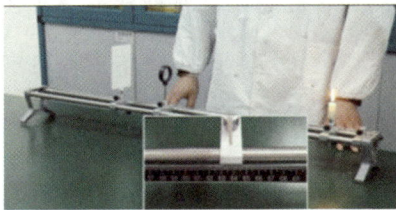

u/cm	v/cm	成像性质
48.00	13.10	
43.00	13.85	
38.00	14.85	倒立缩小的实像
33.00	16.05	
28.00	17.60	
23.00	19.80	
18.00	24.22	倒立放大的实像
13.00	47.52	

图 3-29　凸透镜成像的一般规律

(4)虚像的观察和理解。

　　虚像这个概念一向是学生学习光学的难点,本实验中也有观察虚像的考试要求。为了突破这个难点,我们在微课设计时让观察者刻意将光屏移到一边,这样学生就可以很明显地看到光屏上什么也没有;接着让观察者低下头,从凸透镜的另一侧用眼睛直接观察,就能看到一个正立放大的像,从而明确"看到像"和"承接到像"的区别(如图 3-30)。这样的先后对比,对学生的冲击是很大的,关于凸透镜何时成虚像、虚像如何观察,怎么样的像才是虚像的问题也就迎刃而解了。

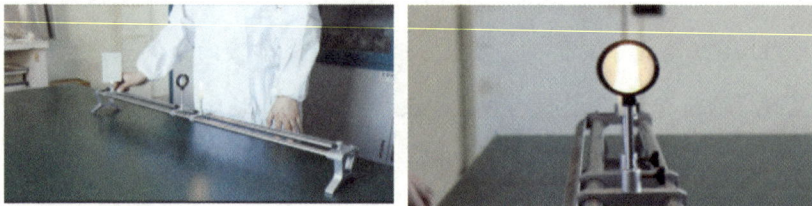

图 3-30　虚像的观察和理解

本实验微课达成的效果:

我们的实验微课用高清、标准的操作和科学的讲解帮助学生尽可能全面地梳理"凸透镜成像规律"实验的重难点,让学生快速回忆操作的顺序,加深整体印象,扫除他们心中不确定的因素。观看此微课后,学生进实验室操作就变得胸有成竹、自信满满。

湖州市推进实验操作考查已有 3 年,根据一线教师和学生的要求,我们整合团队的力量,把重点实验制成了微课,目前已有 12 节中考实验操作考试微课免费推送给各校,这些都是优秀教师结合自己的教学经验,为了给学生精准的复习指导而制作的。有了这些制作精良、示范到位、讲解细致的实验微课,学生绝对可以做到"哪个忘记看哪个,实验复习 so easy!"

建议：选题、设计、拍摄

选题设计拍摄

任何一个微课的成型，都需要经过脚本的编写、课件的制作、视频的剪辑等步骤（如图 3–31）。下面以"蜡烛燃烧"实验微课为例，主要从微课的选题、设计与拍摄三方面来谈谈制作实验微课的注意事项。

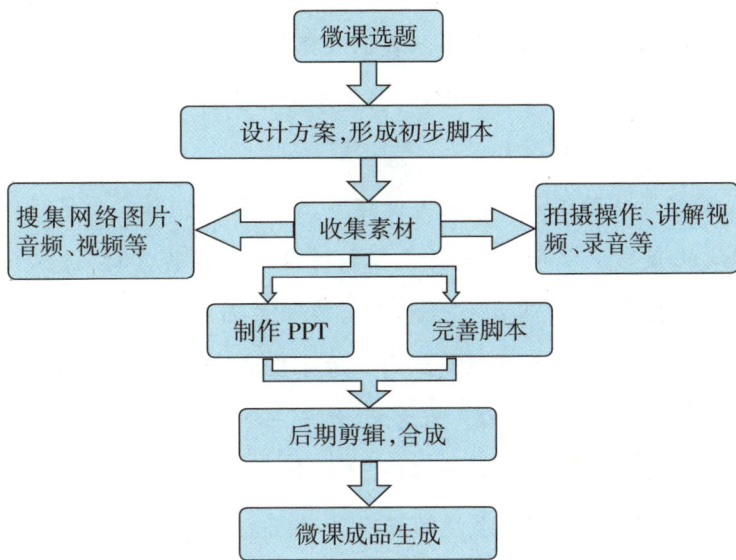

```
                   ┌──────────┐
                   │ 微课选题  │
                   └────┬─────┘
                        ↓
              ┌──────────────────┐
              │ 设计方案,形成初步脚本 │
              └────────┬─────────┘
                        ↓
┌──────────┐      ┌──────────┐      ┌──────────┐
│搜集网络图片、│ ←── │  收集素材  │ ──→ │拍摄操作、讲解视│
│音频、视频等 │      └────┬─────┘      │频、录音等   │
└──────────┘           │             └──────────┘
              ┌────────┴────────┐
              ↓                 ↓
        ┌──────────┐      ┌──────────┐
        │ 制作 PPT  │      │ 完善脚本  │
        └──────────┘      └──────────┘
                   ↓
              ┌──────────┐
              │ 后期剪辑,合成 │
              └────┬─────┘
                   ↓
              ┌──────────┐
              │ 微课成品生成 │
              └──────────┘
```

图 3–31　实验类微课制作流程图

【案例】"蜡烛燃烧"

蜡烛是初中科学教学中常见的实验材料。蜡烛由石蜡和棉线做的烛芯组成,价格低廉,方便易得,在初中科学实验中有着广泛的应用。通过对以蜡烛为材料的实验进行梳理与归纳,用一条明线将各个素材背后指向的重要概念作为教学的支撑点串联起来,创新设计主题式实验微课。

本实验微课以"蜡烛燃烧"为主题,基于学生生活常识,创设真实情景让学生感受燃烧之美。我们选择了几个"有看点""有深度"的蜡烛燃烧实验进行整合设计,引导学生体会科学探究的乐趣。

选　题

选题是实验微课制作的关键环节,教师拍摄制作前要研究教学内容,收集与课程标准、教材内容相关度高的实验素材,考虑教学重点、学生兴趣点、可操作性和安全性等方面选取实验微课内容,确定主题。让学生切实感受到科学源于生活,生活中处处有科学。

本微课以"蜡烛燃烧"为主题,精选三个实验,分别是"隔空点火""子母焰"和"水中点燃蜡烛"(如图3-32—图3-34)。实验的内容涵盖物质的组成、燃烧的三个条件与物态变化等初中科学知识。每个实验教学目标明确,教学思路清晰。利用微课的情景化、趣味化、可视化,把三个既有共性又各不相同的实验放在一起呈现、对照,激发学生思考实验现象背后的科学原因。同时,由于这三个实验较为"冷门",新鲜感和示范引导会不断激发学生动手一试的欲望。

图 3-32　隔空点火　　　图 3-33　子母焰　　　图 3-34　水中点燃蜡烛

设　计

整体框架设计

　　微课也是课,不同于一般的视频,因此需要进行有序的编排、组织,设计成合理的结构框架,如递进式、并列式等等。实验微课也需要有情境导入、实验展示、互动小结等基本教学环节,同时,也要保证各个实验及各环节之间的合理过渡、有机衔接。

　　本微课按照实验操作难度由易到难排列成递进式结构:"隔空点火"→"子母焰"→"水中点燃蜡烛"。在每个实验中,由情境导入、实验展示、互动小结等三个环节组成一个表格(见表 3-7)。

表 3-7　蜡烛燃烧试验微课情况

实验　　　环节	隔空点火	子母焰	水中点燃蜡烛
情境导入			
实验展示			
互动小结			

各个环节设计

微课是以视觉和听觉作为信息传递的主要方式,设计时需充分考虑学生的学习心理。首先,微课时间较短,需要合理分配时间,不浪费一分一秒,所谓"分秒必争"。其次,声音和画面以多种不同方式呈现,不仅可以准确传递信息,同时也能增加微课的观赏美感,让学习成为一种享受。

本微课在设计时,导入环节,即导入语、实验仪器介绍、实验注意点等,做到简短准确。时间基本控制在微课时长以内(见表3-8)。如"隔空点火"的导入,先出示PPT标题,教师介绍:"同学们,今天我们来做几个蜡烛燃烧的实验,先来做一个隔空点火实验。"然后直接进入实验展示环节。"隔空点火"实验仪器少,且仪器都是学生较熟悉的,就将仪器介绍(蜡烛、打火机、酒精灯罩)放入实验视频中呈现,采用在视频中的仪器处插入注释的方式,一目了然,节省了用语言描述的时间,紧凑且观看效果好。在"子母焰"实验中,由于学生对所用仪器不太熟悉,因此采用逐个介绍的方式。而"水中点燃蜡烛"则在实验前插播了一段实验准备过程的介绍视频。(本实验微课脚本附本章末)

表3-8 蜡烛燃烧实验微课各环节时间大致分配

实验 环节	隔空点火	子母焰	水中点燃蜡烛
情境导入	10秒	15秒	15秒
实验展示	50秒	70秒	70秒
互动小结	15秒	20秒	15秒

实验展示环节是本微课时重点环节。该环节大概占微课时长的 60%—70%。视频可以通过下载和拍摄获得。拍摄时要注意，应以学生正常视角和观看距离为主。但有时候也可以改变拍摄视角和距离，或者改变播放速度，从而达到准确传递信息的效果。如"子母焰"实验中，当两个火焰即将出现时，将镜头推近进行拍摄；"水中点燃蜡烛"实验中，当蜡烛燃烧到水面以下时，调低设备位置，从水面以下拍摄。"水中点燃蜡烛"的前期准备时间较长，可用快进方式处理。实验有时比较快，则可采用慢镜头播放的形式。（操作方法见本书第七章）

互动小结的呈现方式可以多样化（见表 3-9），时间一般控制在微课时长的 20% 左右，虽然时间不长，但却可以起到画龙点睛的作用。本微课中，"隔空点火"结束时给学生介绍了实验原理；"子母焰"结束时针对实验中出现的特别现象，提出一个问题，引发学生思考；"水中点燃蜡烛"结束时，向学生介绍了一种科学测量的方法。

表 3-9　蜡烛燃烧实验微课各环节呈现方式

实验\环节	隔空点火	子母焰	水中点燃蜡烛
情境导入	PPT（题目、介绍）	PPT（题目、介绍）	PPT（题目、介绍）
实验展示	正常视角、近距离、慢动作回放	正常视角、近距离	正常视角、近距离、水平面以下视角
互动小结	原理介绍	思考问题	鼓励尝试

设计完成之后，此次实验微课的脚本也就初步形成了。接下来就要搜集微课制作的素材了，除上网搜集图片、音频、视频之外，多数时候还需要我们进行实验过程的拍摄。

拍 摄

实验微课的视频质量对教学效果影响非常大，所以实验微课要求拍摄主体明确，背景整洁。对于非专业拍摄人员的教师而言，如何才能以现有的条件和较低的成本拍摄一段较高质量的实验微课视频呢？下面仍以本实验微课为例，来谈谈实验拍摄中应该注意的一些问题。

①拍摄光线。视频收集的是光线素材，光线太暗的环境会大大降低画质，因此除非实验需要（如拍摄光的反射和折射需要在暗环境中进行），应尽量选择光线充足的环境；另外，容易忽视的一点是：有些教师认为只要在靠窗一侧拍摄光线就充足了，但在靠窗一侧光线往往分布不均匀，画面亮处更亮、暗处更暗，从而影响观看效果。如果光线太强，则可以用窗帘进行适当遮挡；如果光线不足，则可以采用补光灯，营造一个光线充足且柔和的环境（如图3-35）。

图 3-35　拍摄环境

另外，实验中声音也是一种现象，会被同步录入，因此环境的选择需要尽量减少杂音。

②拍摄背景。非专业人员拍摄时往往容易忽视背景这个环节，将毫无关联的元素全部呈现在微课中，从而影响观看效果。微课是以简短的形式呈现给学生的，力求精简。我们认为除实验桌及实验仪器外，背景可以追求极简风格，最好是白色或是浅色，如白墙、白纸等，背景越简单越能体现拍摄主体（如图3-36）。

图 3-36　拍摄背景

③拍摄设备。实验是一个动态的过程，因此，将设备进行固定显得很有必要。当前各类智能手机的像素完全可以满足拍摄需求，如果配上一个简易的支架，则可以稳定拍摄距离和拍摄角度，有效防止抖动，就能大大提升视频的质量（如图3-37）。我们可以把设备想象成一名观看实验的学生，调整好它的高度和角度，以水平或垂直放置为主，忌逆光拍摄。

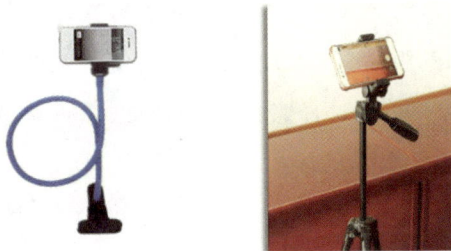

图 3-37　拍摄设备

④拍摄过程。一切准备完毕后,按手机的录制按钮,就开始录制了。录制过程中,教师要自然轻松,保持良好的教学仪表仪态,把镜头当作学生,注重目光交流,并熟练地完成实验的各项操作。

为了使微课起到准确给学生传达信息的作用,我们经常需要调整关键环节的拍摄距离和角度(如图3-38),此时,有条件的可以使用多部手机从不同距离和角度拍摄,后期再进行剪辑拼接;也可以针对关键环节调整手机的距离和角度重复拍摄特写画面,后期再进行插入。(后期剪辑方法见本书第七章)

图3-38 近距离水平面处拍摄

在操作过程中教师可边讲边做,"场上无学生,心中有学生"——适当的互动是不可缺少的,要注意控制好节奏,关键步骤可以减慢速度或暂停后,用旁白提示学生容易疏忽的或者重要的环节(如"请注意观看!"等),突出关键,使重点更明显。

拍摄过程结束,第一阶段就基本结束,下一步就是后期剪辑合成。(后期剪辑方法见本书第七章)

　　"微信之父"张小龙说过一句话:"创新一定不是源自复杂化,所以要持续地做减法"。我们认为在微课制作前期要多注意精华部分素材的收集,而后期则要通过做减法去除累赘,这样才能呈现出一节高质量的实验微课。我们在探索实验类微课制作的方向上还有很长的路要走,所以建议有兴趣的同仁要广泛收集资源,不断取长补短,提高制作水平,力争制作出更多高品质的实验类微课。

　　我们之所以推进实验类微课的制作,是因为寄希望于它能成为科学教师的左膀右臂,帮助学生更好地进行实验。实验类微课到底是用来辅助教师的教学工作还是让教师在日常教学中"偷懒"? 它就像一把双刃剑。作为科学教育工作者,我们必须明确:学习科学,没有什么比让学生亲自动手实验更重要。但是,我们的教学也应该与时俱进,享受高科技发展带来的便利,有了实验类微课的助力,不管是教师教学还是学生学习都多了一项助力"神器",因此要用好实验类微课,让学生更乐于做实验、更会做实验、更善于学科学。

附:蜡烛燃烧实验微课脚本

　　引入:同学们,大家好,今天我们一起来做几个有趣的蜡烛小实验。

　　一、隔空点火(75 秒钟)。

　　1. 音乐起,播放视频:隔空点火。(屏幕上显示蜡烛、酒精灯罩、打火机等仪器)

　　重复慢动作播放一次,在屏幕上显示出灯芯与火源的距离,并附上鼓励话语:动手试一试吧。

　　2. 音乐停,原理解释,PPT 呈现字幕,教师配音:蜡烛燃烧实质上是石蜡受热汽化形成的气体的燃烧。当吹灭蜡烛时,可以看到灯芯上方有一缕白烟,这就是石蜡蒸汽遇冷形成的石蜡小颗粒。此时如果马上用点燃的火源接近,离灯芯不远的石蜡小颗粒一接触到火源,就可以被引燃,并延至灯芯,产生了"隔空点火"的神奇现象。

二、子母焰(105秒钟)。

1.逐个介绍仪器:蜡烛(灯芯稍粗)、火柴、长约5厘米的玻璃管、试管夹。

2.音乐起,播放实验视频,实验需要两个人配合。先播放一次实验成功的视频(镜头推近看子火焰细节)。再播放一次实验失败的视频,即将玻璃管一端放置在外焰部分不能产生子母焰;边播放视频边解释:玻璃管一端放置在外焰,虽然也能将部分黑烟引出,但是外焰温度高,燃烧充分,黑烟的密集程度和燃烧能力大大降低,导致实验失败。

音乐停,提出思考问题:在完成实验后,你是否发现玻璃管内壁出现水珠? 你能解释这种现象吗? (答案暂时不公布)

三、水中点燃蜡烛(100秒钟)。

音乐起,介绍准备过程:将一定高度的蜡烛粘在玻璃碗的底部,待冷却后再使用(快放)。

音乐继续,实验过程与准备过程无缝对接。(推近镜头观看蜡烛燃烧,待燃烧到水平面附近,拍摄角度也随着降低至水平面附近)

实验结束后检验蜡烛燃烧到水面以下多少距离。介绍一种测量方法:使用铁丝插入蜡烛,根据铁丝上的蜡烛油即可以简单测出这个距离。

鼓励行动:同学们,实验看完了,你可以约上你的同学一起来做哦!

结束,谢谢观看。

第四章

CHAPTER·4

习题类微课

习题教学是初中科学教学的一种重要模式,解题是学生将已学过的科学基本概念、原理、规律等迁移到不同的情境中加以应用,找出解决问题的方法,其目的是巩固所学的科学知识,掌握解决问题的方法,发展科学思维。

作为初中科学日常习题讲解与训练的重要载体,习题类微课已成为教师进行习题教学的一大助力,初中科学习题类微课以习题为中心,借助微课短小精悍、聚焦难点的优势,意图实现"精讲"和"秒懂"。在习题类微课制作过程中,教师普遍会出现以下两个问题:

一是只凭经验做出判断,缺乏学生问题的真实呈现。习题考查的是学生应用知识的能力,由于微课缺乏与学生的互动,无法暴露学生的真实问题,对于学生的疑难点,教师往往只凭经验做出判断,单方面采用"讲授式"的教学手段,看似清晰有条理,学生问题能否得到解决不得而知。

二是就题论题,缺乏方法指导与总结提升。习题类微课制作过程中,教师认为把解题过程说清楚了,答案得到了,微课也就结束了。往往是浅尝辄止,没有对科学思想和解题方法进行归纳、总结与提升。学生只是机械性地记忆解题过程,没有深入理解本质,一旦题目稍加变化,学生就开始踩地雷、跳陷阱。

接下来,我们通过介绍习题类微课的设计原则、设计技巧,来阐述一节高质量的习题微课应该如何设计。

原则:启发性、递进性、方法性

初中科学知识点繁杂、题目类型众多,与之对应的是学生有限的学习时间和精力。如何通过习题教学有效地引导学生从纷繁复杂的科学表象中发现其内在规律是提高教学效率的关键。习题类微课作为习题教学的重要辅助资源,能够帮助教师精准地教、学生轻松地学。这类微课通常是以一道或几道典型例题为载体,通过分析解题思路,讲解解题过程,归纳和总结解题方法,达到学习和巩固知识的目的,有效突破具有疑难性、代表性、普遍性等特点的典例。在设计习题类微课时,我们需要凸显三大设计原则(如图 4-1):启发性原则、递进性原则和方法性原则,体现出微课"短小精悍、精准助力"的特色,让观看者在最短的时间内获得最大的学习效益。

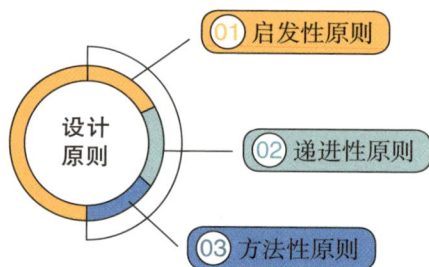

图 4-1 习题类微课设计原则

启发性原则

启发式教学是指教师在教学过程中根据教学任务特点和学习客观规律,从学生的实际出发,采用多种方式,以启发学生的思维为核心,调动学生学习的主动性和积极性,促进学生自主学习的一种教学指导思想。

设计的习题类微课必须要有启迪思维的作用,促使学生不断由低阶思维向高阶思维转变。具体体现在:微课内容要有启发性,针对易错点和重难点,帮助学生发现问题、弥补短板;解法剖析要有启发性,分析过程体现思维深度,帮助学生层层深入搭建解题框架;学习模式要有启发性,采用多种方式呈现思维过程,激励学生开拓创新。

例如探究题和解答题,知识面广、思维难度大,学生谈"题"色变。灌输式的讲解更易使学生逐步丧失学习兴趣。微课的设计就要打破这种僵局,指导学生自己学会思考总结,而非教师直接给出结论:创设生动的情境将知识点进行串联,使枯燥的内容变得鲜活有趣;设置层层深入的问题铺垫,打破学生思维的局限,起到拨云见日的效果;制作化静为动的实验视频,把抽象变得直观;以信息技术和多媒体技术为纽带,科学合理地组合各种教学形式,优化教学策略,实现学生知识内化的螺旋式上升。

递进性原则

中国古代儒家提倡教学过程既要按照学习内容由易到难,又要按照学情特征由浅入深、循序渐进,进而取得好的教学效果。

苏联心理学家维果斯基认为学生的发展有两种水平:一种是学生的现有水平,指独立活动时所能达到的解决问题的水平;另一种是学生可能的发展水平,也就是通过教学所获得的潜力,两者之间的差异就是最近发展区。教学应着眼于学生的最近发展区,提供带有一定梯度的学习内容,调动学生的积极性和好胜心,发挥其潜能。帮助学生超越其最近发展区而达到下一发展阶段的水平,然后在此基础上进行下一个发展区的发展。

习题类微课的主体内容是习题讲评,因此微课设计不能仅仅停留在就题论题的层面。作为提高教学质量的重要一环,教师应当以举一反三、触类旁通的标准来审慎地安排习题讲评的整个流程,达到连点成线、连线成面的延展效应。将变式训练融入微课习题讲评中可以有效地避免学生单纯听讲的枯燥感,提高学生的注意力。教师结合习题类微课讲评的具体内容,将题型的演变通过对比、引申和拓展由浅入深、循序渐进地展现出来,牢牢地吸引住学生,让他们不断地在大脑中形成一个又一个兴奋中心,从而逐步加深学生对习题内容的理解,使学生的科学思维能力得到进一步的提升。

方法性原则

习题的解题方法直接关系着解题的速度和正确率,教会学生解题的方法是习题类微课的理想状态。因此解题方法的归纳是聚焦知识点、提高知识传递效率的重要环节。

科学习题具有很强的题型特征,同类题目虽然表现形式不同,但都具备类似的信息要素和解题策略。教师在微课设计中要注重解题方法的提炼,有针对性地将模块内容进行分类,以某一题型为基础,以解题技巧为主线串联形成科学方法类习题微课,让学生通过一道典型例题掌握一种方法,比如科学探究题中常用的"控制变量法""转换法""图表法"……计算题中常用的"极值法""等效替代法""临界法"……

在习题类微课的设计过程中,需要特别注重解题思维的呈现,即把所学的知识点、已掌握的解题方法和题目的已知条件联系起来,找出解决问题的方法。由于思维本身比较抽象,设计时可以通过图像、动画进行生动具体的呈现,变单线思维为立体思维,更利于学生理解,加深印象,强化记忆。

要素:选题、读题、破题、炼题

习题类微课设计要素,如图 4-2 所示。

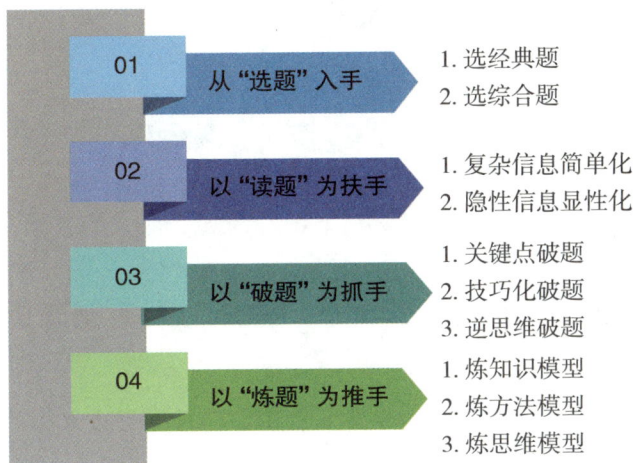

01 从"选题"入手
1. 选经典题
2. 选综合题

02 以"读题"为扶手
1. 复杂信息简单化
2. 隐性信息显性化

03 以"破题"为抓手
1. 关键点破题
2. 技巧化破题
3. 逆思维破题

04 以"炼题"为推手
1. 炼知识模型
2. 炼方法模型
3. 炼思维模型

图 4-2 习题类微课设计要素

从"选题"入手

"良好的开端是成功的一半",习题选得好就是一个好微课的开端。好的习题像一根绳索,在将知识点串联起来的同时,让学生从"会解一道题"进一步上升到"会解一类题"。

选经典题

习题是学习效果的有效评价,因此习题的讲评在一定程度上也是一种复习。习题的选取要针对教学的重点、难点和易错点进行(如图4-3),选取的例题要能起到示范引领作用,可以是知识点覆盖全面、解法经典的题目,也可以是体现了学生薄弱点、共性的问题。同时,微课的特点是"短小精悍",因此例题的选取从数量上来说宜"精"不宜"多",可通过一道经典例题实现平时多题的功能,在巩固、强化核心知识的同时,帮助学生构建知识体系。

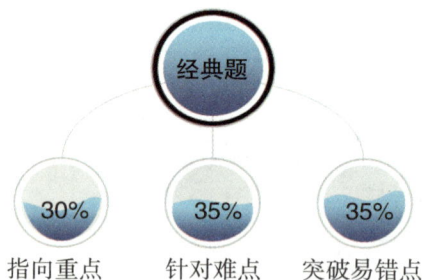

图4-3 习题类微课选题要素

【案例】七年级下册——"摩擦力经典题分析"

摩擦力相关知识学习中,重难点在于分析摩擦力大小的变化,特别是根据运动状态判断摩擦力的类型,并根据二力平衡以及滑动摩擦力的影响因素判断摩擦力的变化。因此,微课中需要选择一道"运动状态"与"受力情况"相结合的例题。本题是"判断摩擦力的类型与大小"的经典题目,三个小题分别对应物体"静止""加速运动""匀速直线运动"三种典型的运动状态,通过层层剖析可以实现一道题解决一类题的效果。本微课从速度与时间图像、力的变化图像中挖掘数据背后的含义,在讲解过程中利用动态线条将物体相同时刻的受力情况和速度一一对应起来进行分析,同时配以对应运动状态下物体慢动作运动的视频,能有效地突破学生的易错概念,在学生脑海中形成不同受力下物体运动状态改变的画面感,让学生领悟运动与力的关系,如图 4-4 所示。

易错点:摩擦力的大小判断

如图甲所示,放在水平地面上的物体,受到方向不变的水平拉力 F 的作用,F 的大小与时间 t 的关系和物体运动速度 v 与时间 t 的关系如图所示。由图像可知:

当 $t=1$ s 时,物体处于 __静止__ 状态,摩擦力为 __1N__ 。

当 $t=3$ s 时,物体处于 加速运动 状态,摩擦力为 __2N__ 。

当 $t=5$ s 时,物体处于 匀速直线运动 状态,摩擦力为 __2N__ 。

匀速直线运动:

$f_{滑} = F$

谨记在心:判断摩擦力,先判断运动状态

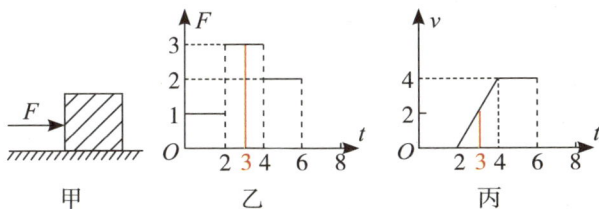

甲　　乙　　丙

图 4-4 "摩擦力"经典题分析

选综合题

　　初中科学本身是一门综合性的学科,各部分知识之间不是孤立的,存在着纵横交错的联系。因此我们在选题时,选择综合性较强的习题有助于帮助学生建立系统知识网络。综合题与经典题不同,经典题重在解决知识上的疑惑,而综合题重在体现知识的内在联系,呈现方法的指导。在常规的课堂教学中,这类综合的大题往往占据较大的篇幅,但是微课"精美可视"的特点限制了我们不能同时在一个界面上显示太多的文字,因此可以采用图片、关键字提炼等形式将综合题的问题进行有梯度的呈现,通过方法的提炼,提升学生解题的能力。

【案例】九年级上册——"人体的新陈代谢"

九年级上册的第4章主要是新陈代谢的介绍,包括了呼吸系统、泌尿系统、循环系统和消化系统等系统的协调工作,学习时重点在于寻找它们之间的共通之处,构建知识网络,认识到人体是一个统一的整体。深化对新陈代谢本质的理解,有助于学生切实感受科学知识的整体性。结合微课"可视化"的特点,当我们在讲解某个系统时可以及时地链接相关知识,将核心知识形象生动地插入呈现,由点到面,在同一界面上集中呈现系统的知识,融会贯通地理解各系统在协调、统一地工作,帮助学生多维度、多角度地完成知识的梳理辨析,如图4-5所示。

类题演练

人体是一个统一的整体,只有人体各器官、系统相互配合,人体才能有序地进行各项复杂的生命活动,从而使人体成为一个复杂、协调、完整的统一整体,体现人体的魅力。请结合部分人体生命活动的示意图,回答下列问题:

(1)图中①、②表示的生理过程分别为_____、_____;③过程是通过_____作用实现的。

(2)若图中C表示的是泌尿系统,则形成物质X需经过的两个主要的生理过程是:_____。

(3)若a、b表示的是流入、流出组织细胞的两条血管,则血液由a流到b处时,血管内血液颜色的变化是_____,血液b流回首先到达心脏的_____。

(4)若进入A的物质是淀粉,则消化该物质的消化液有_____,消化后的最终产物是_____。

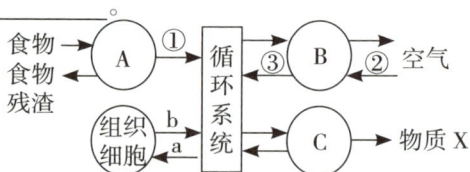

图4-5 "人体的新陈代谢"习题

以"读题"为扶手

复杂信息简单化

初中科学的习题阅读量日益增大,教师在实施习题教学过程中应让学生学会从纷繁复杂的文字中发现有效信息。如何从"多而复杂"的文字中抽丝剥茧,找出题目的突破口?在传统的教学中一般做法是教师先带着学生边读边勾画关键词和关键句,再从这些关键词句中找出内在的联系。而习题类微课则是以板书的形式,将文字转变成符号,逐步出现,形成动态的信息提取过程。提取题中的主干,通过图表、流程图等形式呈现关键信息,使题中问题与学生已有知识相联系,能为后面快速、准确地"破题"提供依据。

【案例】九年级上册——"化学物质的推断"

化学推断的题目文字信息量往往很大,因此首先要迅速引导学生将复杂文字模型化。相比于文字信息,学生对于化学式更加敏感,因此可以先将文字中涉及的物质名称转变成化学式,紧接着将分析过程用图像和流程图的形式呈现。微课中利用各种颜色和图案区分信息,找出信息间的关系;使用不同的颜色或动画来标记重点,吸引学生的注意力,从而为本题量身定制一张个性化知识网络图。在开始推断之前,通过该图清晰地呈现,为推断过程铺平道路。另外,在电学习题中,也应把比较复杂的电路图转变为等效电路图,如图4-6所示。

例题解析

BaCl₂	NaOH	Na₂CO₃	Na₂SO₄

1.有一包白色固体,可能由氯化钡、氢氧化钠、碳酸钠、硫酸钠中的一种或几种组成。为确定其成分,实验小组进行了以下试验:

√   ×   √   ×

①在装有白色固体的烧杯中加入足量的水,过滤得到白色沉淀 A 和无色溶液 B;②在白色沉淀 A 中加入足量稀盐酸,产生无色气体和无色溶液;③在无色溶液 B 中加入足量氯化钠溶液,得到无色溶液 D 并产生白色沉淀 C;④最后在无色溶液 D 中加入酚酞试液,溶液不变色。

(1)白色沉淀 A 与稀盐酸反应的化学方程式为

$BaCO_3+2HCl=BaCl_2+H_2O+CO_2\uparrow$ 。

(2)白色沉淀 C 的化学式为 $CaCO_3$。

(3)这包白色固体是由 $BaCl_2$、Na_2CO_3 (填化学式)组成的。

流程图

白色固体	水 →	白色沉淀 A	稀盐酸 →	无色气体 CO₂	
				无色溶液	
		无色溶液 B	氯化钙溶液 →	白色沉淀 C CaCO₃	
				无色溶液 D	酚酞试液 → 无色溶液 酸性或者中性

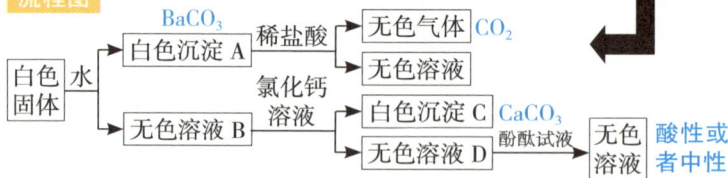

图 4-6 《化学物质的推断》读题方法指导

隐性信息显性化

初中科学的学习经常会伴随一些抽象化的概念,这些概念往往隐藏在文字背后。在习题类微课中要引导学生透过现象挖掘事物背后的科学本质。在常规的教学中教师往往通过师生互动、步步剖析得出关键信息,而在习题类微课中教师则可以站在学生的角度,从信息中挖掘本质,将原本口述或者板书的信息在微课中直接显示出来,将显性化的信息直接展示给学生,为"破题"提供明示化的指导依据。

【案例】九年级上册——"酸碱反应的判断"

案例中的表格里(见表 4-1)呈现的是 pH 和温度的变化,这是题目直接呈现给我们的信息。在微课中要带领学生解读"pH 值和温度"背后的奥秘。比如"能否判断液体滴加的顺序?""什么时候酸碱恰好反应?(如图 4-7)""你从表格中还能获取哪些信息?"通过这些问题带领学生一步步挖掘科学的本质,将 pH 值、温度这些信息联系在一起,以文字的形式呈现在微课中。通过将隐藏的信息直接呈现,给学生以直观的认识,为接下去题目的解答提供依据。初中科学习题中隐性的信息很多,如"家庭电路"意味着电源电压是 220 伏;"浸没"意味着排开液体的体积与物体的体积相同;"泡沫块放入水中"意味着物体处于漂浮状态,受到的浮力与重力相等……

习题展示

在一定量的氢氧化钠稀溶液中逐渐滴加溶质质量分数为 0.73% 的稀盐酸,反应过程中不断搅拌并及时测量不同时刻溶液的温度与 pH 值,记录数据如表 4-1 所示:

表 4-1　pH 和温度的变化

反应时间(秒)	0	25	50	75	100	125	150	175	200
滴入稀盐酸体积(毫升)	0	4	8	12	16	20	24	28	32
pH 值	13.2	13.0	12.7	12.4	12.1	7.0	2.0	1.6	1.3
温度(℃)	36.9	37.5	38.0	38.5	38.8	39.2	39.0	38.8	38.6

酸碱恰好反应的判断方法

酸碱恰好反应时：

1. pH=7；

2. 溶液的温度达到最高；

3. 加酚酞的碱溶液刚好褪色。

图 4-7　酸碱恰好反应的判断方法

以"破题"为抓手

"授人以鱼不如授人以渔"，破题不是简单考点的重复或者知识点的堆砌，而是将破题的思路和方法教给学生，帮助学生掌握解这类题目的思维方式。可以从条件出发正面思考解题方法，也可以利用逆向思维由问题出发寻找缺失条件。在微课教学中，"破题"可以通过学生提问来逐步展开，在"师生对话"中分析题目中的已知条件，明确问题是什么，同时分析解决问题还需要哪些条件，如何获得这些条件等。同时，为了使"破题"过程生动形象，微课中还可以采用视频、图像、表格、思维导图等多种方式呈现思维过程，将解题思路具象、生动地展现在学生面前，使题目的解析进入"柳暗花明又一村"的境地。破题的方法很多，在习题类微课的设计中，我们针对难度较大的习题，选取的破题手段往往有下面几种：

关键点破题

在常规课堂教学中，我们往往采用师生对话的形式来引导学生的思维，通过问答的形式层层递进，让解题的线索"水落石出"。所以习题类微课也可以设计成师生对话的模式,从学生的角度将核心解题过程通过"一对一"问答的形式动态呈现。这类微课的优点在于可以让学生清楚地看到整个思维的推进过程,从而发现破题的关键点。比如在"电磁继电器"的习题微课中,我们就抓住了一个"关键点"。

【案例】八年级下册——"电磁继电器"

在"电磁继电器"的习题分析中(如图 4-8),电路分析必不可少,我们可以创设以下的模拟师生对话,通过一步步的问答,探寻破题的关键点。

师:CO 浓度更低时报警,电路中可以观察到什么现象呢?

生:当控制电路中电流增大,衔铁吸合时会报警。

师:那吸合时的电流是否会发生改变呢?

生:电磁继电器的构造是一定的,衔铁被吸下所需的力是一定的,因此对应的通过电磁铁的电流大小也是一定的。

师:既然这个吸引衔铁的控制电流是不变的,那么还有哪些因素会影响这个电流的大小呢?

生:气敏电阻 R_1、滑动变阻器 R_2 以及电源电压都会改变电流大小。

师:现在 CO 浓度变小,改变了什么? 这种情况下,如何保持电流不变呢?

生:R_1 阻值变大,所以电流变小。若要保持电流不变,则 R_2 阻值变小,或者电源电压增大。

在上述互动问答中,学生跟着教师的引导一步步回答,细心的观看者可能已经发现了关键性问题:"吸合的电流是否会发生改变呢?"显然,不管气敏电阻怎么变化,控制电路的启动电流始终都是不变的,这个不变的电流就是解决电磁继电器工作问题的关键点。为了让观看者及时关注这个"关键点",在分析过程中用红笔标注,起到着重强调的作用。围绕不变的电流 I,就可以完成电路的分析和等式的建立,还可以对动态电路中各个物理量的变化进行推导,实现"电磁继电器"这一类题的破解。

例题解析

2. 小强利用压力传感器、电磁继电器、阻值可调的电阻 R_2 等元件,设计了汽车尾气中 CO 排放量的检测电路,如图示。他了解到这种气敏电阻 R_1 的阻值随 CO 浓度的增大而减小。闭合开关 S,当 CO 浓度高于某一设定值时,电铃就会发声报警。

(1)汽车尾气排放达标时,工作电路中电铃不响;当 CO 浓度增大到一定程度时,电铃报警,说明汽车尾气排放超标,请你判断 __BD__ (选填"AC"或"BD")位置处是电铃。

(2)为使该检测电路在 CO 浓度更低时报警,可以怎么做?

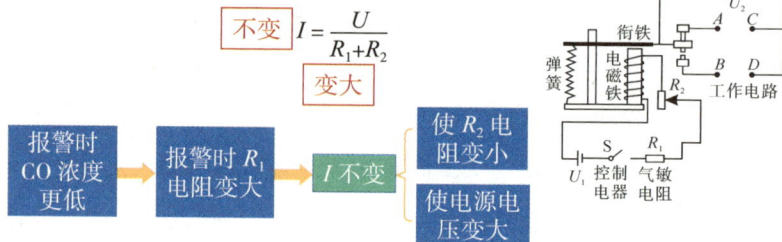

图 4-8 《电磁继电器》破题方法指导

像这种利用关键点破解难题的例子在习题类微课中屡见不鲜。下面让我们通过"粗测大气压"习题微课设计再进一步感受一下掌握"关键点"在破题中的巨大作用吧!

【案例】八年级上册——"粗测大气压"

　　该习题微课选取了用"吸盘法"和"针筒法"来粗测大气压的实验题作为典例。在微课中，我们重点对皮碗和活塞的平衡状态进行受力分析，从而使学生发现只要得到一个二力平衡的等式，即可得到破题之法。由于涉及受力分析和公式变形，学生掌握起来并不轻松，但这样的题目属于大气压强专题的热点考题，因此我们用"变式训练"（如图 4-9）进行类题演练，让学生进一步掌握破题关键点，从"模仿熟悉"（二力平衡）提升到"自主应用"（三力平衡），实现了对"气压差"这一大类计算题的理解和内化。

♣ 典型例题

小商品市场上有一种带挂钩的半球形软料塑料皮碗，"科学爱好者"小组买回后，利用此塑料皮碗测教室中的大气压。具体做法：

(1) 将皮碗挤压在固定的竖直玻璃板上，用刻度尺和三角板测出皮碗直径为 d，则皮碗的面积 $S = \pi (d/2)^2$；将弹簧测力计挂在皮碗的尾部，沿着垂直于玻璃的方向向外拉皮碗，当皮碗恰好掉下是测力计读数为 F，则大气压强 $P_0 = $ _____，你认为此小组利用了 _____ 原理测教室中的大气压。

(2) 小组同学认为用注射器和弹簧测力计也可以测出大气压的大小，他们在实验室中找到了最大刻度为 2mL 的注射端。用如图所示的方式进行实验，向外拉活塞至刚好拉动时，记下弹簧测力计的示数为 4.4N，注射器全部刻度的长度为 4cm。根据实验数据计算出的大气压强为 _____ Pa。

♣ 本题归纳

大气压大小的粗略测量

项目	方法一	方法二
器材	测力计、刻度尺、吸盘	测力计、刻度尺、注射器
示意图		
所测物理量	刚刚拉脱离时，测力计的示数 F。吸盘直径 d。	注射器活塞刚刚拉动时测力计的示数 F，注射器上有刻度的长度 L，注射器容积 V。

【变式训练】（2011.徐州中考）用如图所示装置粗略测量大气压的值。把吸盘用力压在玻璃上排出吸盘内的空气，吸盘在玻璃上的面积为 $4 \times 10^{-4} m^2$。轻轻向挂在吸盘内的小桶内加沙子。吸盘刚刚脱离时，测出吸盘、小桶和沙子的总质量为 8.2kg。则大气对吸盘的压力为 _____ N（g 取 10N/kg），大气压的测量值为 _____ Pa。若吸盘内的空气不能完全排出，则大气压的测量值比实际值偏 _____。

压力锅是应用液体沸点会随着气压增大而升高的原理的。图为水的沸点跟气压的关系图像。

(1) 已知压力锅盖出气孔的横截面积为 $12mm^2$，限压阀的质量为 84kg，底面积为 $20mm^2$。请你通过计算并根据图像来判断：用该压力锅烧水，水温最高可以达到多少摄氏度（g 取 10N/kg，大气压值取 $1.0 \times 10^5 Pa$）

(2) 把这种压力锅销售到西藏地区，在保证压力锅使用的前提下，达到同样的最高温度，你认为需要怎样改进？

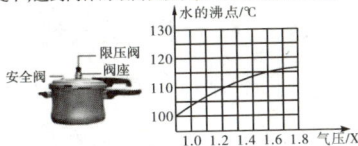

图 4-9　"粗测大气压"破题方法

在习题类微课的设计过程中,我们致力于通过对例题的精准分析和讲解,找到解题关键点,带领学生拨云见日,培养学生用敏锐的思维去发现破题关键的能力。

技巧化破题

为了快速、精准、便捷地解决科学题目,我们还需要掌握一些独特的解题技巧,利用数学等量关系和科学处理方法实现突破。对于有些复杂的习题,我们利用常规的解法求解困难重重,但掌握特定的解题技巧后,则可以轻松搞定。这类习题往往注重数学思维与科学规律的结合,比如"化学中的元素质量守恒定律"的分析及计算,如图4-10所示。

含有杂质的氧化铁粉末100g在高温下与一氧化碳充分反应(杂质不参加反应),反应后称得固体质量为76g,则不纯的氧化铁粉末中氧化铁的质量为(D)。

A. 16g   B. 32g   C. 50g   D. 80g

解:设不纯的氧化铁粉末中氧化铁的质量为 x g。

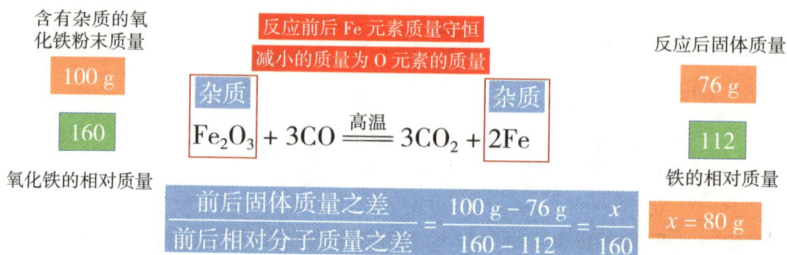

图4-10 "化学中的元素质量守恒"破题方法指导

本习题微课中介绍了一种化学计算中的特殊解题技巧:差量法。在这类习题中,题干里能够找到的信息都是混合物的质量,无法直接代入化学方程式中进行计算。利用差量法来处理这些数据,就能使这类题迎刃而解。而差量法的精髓就是根据化学变化中的元素质量守恒,利用某一种元素的质量去推算其他各物质的质量。微课中清晰的流程图结合详细的步骤讲解,可以让学生更好地掌握这种非常有用的化学计算技巧,帮助学生打开化学计算的另一扇大门。

习题类微课在设计时要逻辑清晰、条理分明地把解题技巧讲清楚、用明白,呈现从特殊到一般的过程,让学生通过观看微课,对这类习题的破题能举一反三、触类旁通。

逆思维破题

逆向思维,也称求异思维,它是对司空见惯的似乎已成定论的事物或观点反过来思考的一种思维方式。人们习惯于沿着事物发展的正方向去思考问题并寻求解决办法。针对一些特殊问题,从结论往回推,从问题回到已知条件,倒过来思考,反而会使问题简单化。我们在设计习题类微课时,也应该因势利导,将这种最便捷的解题方法和最有效的逆向思维提供给学习者。如图 4–11 所示。

【案例】七年级上册——"求物质的密度"

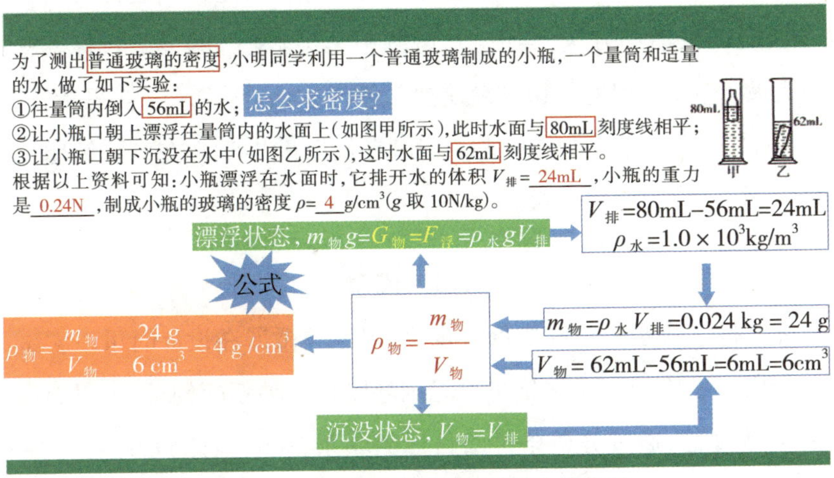

为了测出普通玻璃的密度,小明同学利用一个普通玻璃制成的小瓶,一个量筒和适量的水,做了如下实验:
①往量筒内倒入 56mL 的水; 怎么求密度?
②让小瓶口朝上漂浮在量筒内的水面上(如图甲所示),此时水面与 80mL 刻度线相平;
③让小瓶口朝下沉没在水中(如图乙所示),这时水面与 62mL 刻度线相平。
根据以上资料可知:小瓶漂浮在水面时,它排开水的体积 $V_排 = $ 24mL ,小瓶的重力是 0.24N ,制成小瓶的玻璃的密度 $\rho = $ 4 g/cm³(g 取 10N/kg)。

漂浮状态,$m_物 g = G_物 = F_浮 = \rho_水 g V_排$

$V_排 = 80mL - 56mL = 24mL$
$\rho_水 = 1.0 \times 10^3 kg/m^3$

公式

$\rho_物 = \dfrac{m_物}{V_物} = \dfrac{24\,g}{6\,cm^3} = 4\,g/cm^3$

$\rho_物 = \dfrac{m_物}{V_物}$

$m_物 = \rho_水 V_排 = 0.024\,kg = 24\,g$

$V_物 = 62mL - 56mL = 6mL = 6cm^3$

沉没状态,$V_物 = V_排$

图 4–11　"求物质的密度"破题方法指导

　　一般情况下求解密度必须知道质量和体积,然后代入密度公式计算求解。但本题中质量和体积都没有现成的信息,需要引导学生思考题干中的信息与所求的物理量之间有什么关联。通过引导,学生就会想到通过"漂浮时浮力等于重力"求质量,通过"浸没时 $V_{排}=V_{物}$"求体积,最后代入公式 $\rho=m/v$ 求解物体密度的大小。

　　本题的微课解题设计就充分体现了逆向思维在破题中的作用,当正向分析走进死胡同时,可以通过反方向的推导,将解题所需的数据找齐,进而将难题顺利化解。

以"炼题"为推手

　　所谓炼题就是借助习题,对解题方法进行提炼和浓缩。提炼方法是训练科学思维的重要手段之一,习题类微课利用其自身整合性强、时间紧凑、容量大的特点,引导学生通过深入剖析一道经典例题提炼出解决这一类题的技巧和方法,实现"从解题中学会解题"的最终目标。题目永远是做不完的,习题类微课就是要带领学生像"学霸"一样思考,从无限的题目中提炼出高效的方法,跳出"题海",助推学生在实际解题过程中能够举一反三、触类旁通。

炼知识模型

　　针对科学解题中存在的低效现象,习题类微课在设计时可以尝试用思维导图这一学习工具来推进。思维导图是一种新的创意,可以展现思维的发散过程,通过分析条件与目标的联系,让学生体验解题的"突破口"。若能成功地越过"突破口",就能突破常规。常规逻辑一旦被颠覆,教学也就有了张力。一张好的思维导图，能让学生把每一种感觉、记忆、思维、可能的联想用文字或图形表达出来，也就会出现围绕中心概念的多种表达，不断地激发学生学习的积极性，将他们的思维潜力激发出来，快速地联想与题目相关且有内在联系的知识点，找到"突破口"，明确解题方向。

【案例】九年级上册——"'电动机效率'的计算"

本微课中的习题并不是简单套用公式就可以求解的，因为题目问的是"当这个电动机满负荷运转的时候，电动机的效率是多少？"怎么样才能计算效率呢？电动机在运转的时候，除通过自身转动带动别的物体转动以外，电流本身也会产生一部分热能并散失，要想算出它的工作效率，就必须把这个损耗减去，如图4-12所示。

例题：某机床上使用的一台直流电动机，标有"36V，24W"的字样，用多用电表测得电机的电阻为2Ω，试计算这台电动机在满负荷工作时的效率。

答案

$I = \dfrac{P}{U} = \dfrac{24\text{W}}{36\text{V}} = \dfrac{2}{3}$ A，电动机工作时的热功率为

$P_{热} = I^2 R = \left(\dfrac{2}{3}\text{A}\right)^2 \times 2\Omega = 0.89\text{W}$，电动机的机械功率为：$P_{机} = P - P_{热} = 24\text{W} - 0.89\text{W} = 23.11\text{W}$，

效率 $\eta = \dfrac{P_{机}}{P} = \dfrac{23.11\text{W}}{24\text{W}} = 96.3\%$。

答：电动机在满负荷工作时的效率为96.3%。

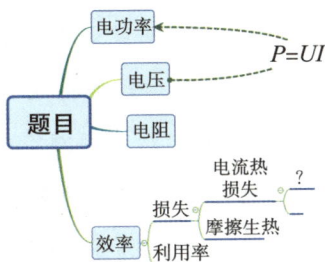

图4-12　"'电动机效率'的计算"炼题方法指导

因此，我们在设计时应用了思维导图来梳理解题思路：先找出知识点，展开联想，然后找出解题方法。这道题目的知识点是"电功率、电压、电阻、效率"，我们的思维路径如图4-13所示。然后引

导学生思考:怎么求热的损耗呢? 热的损耗和电功率、电压、电阻有什么关系呢? 这个时候,我们就需要想到电流做功有三种效应,第一种是磁效应,第二种是化学效应,第三种是热效应。当想到"热效应"的时候,我们就明白了,热损耗的公式要到电能转化为热能的原理中去寻找,就能够想出解题需要的第二个公式 $Q=I^2Rt$。于是,我们的思维导图就发挥作用了,这一步的思维过程是沿着体系图走的,模型如下:

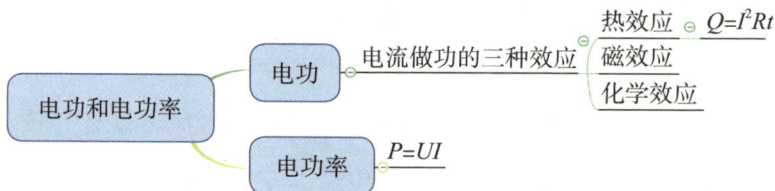

电功和电功率 — 电功 — 电流做功的三种效应 — 热效应 ○ $Q=I^2Rt$ / 磁效应 / 化学效应

电功和电功率 — 电功率 — $P=UI$

图 4-13 "'电动机效率'的计算"知识模型图

其中,Q 就是热量,也就是我们要求的热损耗;I 是电流;R 是电阻,t 是时间。由于我们求的是效率,时间的长短不用考虑,电阻已知(2Ω)。我们将电阻 R 代入第二个公式 $Q=I^2Rt$,求出热量的损耗功率,然后再用额定功率减去热量损耗功率,就求出了实际功率。最后求出实际功率占额定功率的百分比,电动机的工作效率就求出来了。这样一道综合性较强的习题,利用思维导图分析是不是简单了很多?

思维导图依据结构化的推导流程,可以帮助我们在解决科学问题的时候更好地理清知识网络。因此,在习题类微课的设计过程中,穿插思维导图的教学非常有利于学生拓宽解题思路。

炼方法模型

模型是人们为了某种特定目的而对认识对象所做的一种简化的描述,科学学习中电路图、各种图表、公式都是重要的模型。结合微课"可视化"的特点,我们可以将常规教学中板书或者口述的内容通过建构模型来体现。通过建构模型,带领学生掌握和巩固有关科学概念;通过微课动画逐步展开,让学生掌握模型建构中各个思维过程的联系。在微课设计中,对于一些较为抽象复杂的问题,可发挥信息技术的功能,通过建构模型,把解题方法和过程直观形象地表现出来。

【案例】八年级上册——"电路故障分析"

第一次"整体"建模:根据题中提供的实物图画出电路图;根据题干信息进行整体分析、初步判断,如图 4-14 所示。

【例1】(2017 德阳中考)在如图所示的电路中,闭合开关 S 后,两灯都不亮,电压表有示数,电流表无示数,则该电路故障可能是(A)

A. 灯泡 L_1 开路

B. 灯泡 L_2 开路

B. 灯泡 L_2 短路

D. 电流表短路

开路

分压,分走全部的电源电压

与电压表并联的用电器开路

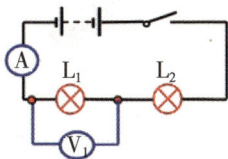

图 4-14 "电路故障分析"整体模型图

第二次"独立"建模：对电路中各用电器的短路和断路情况单独建立模型、逐一分析，找到匹配的结果，如图 4-15 所示。

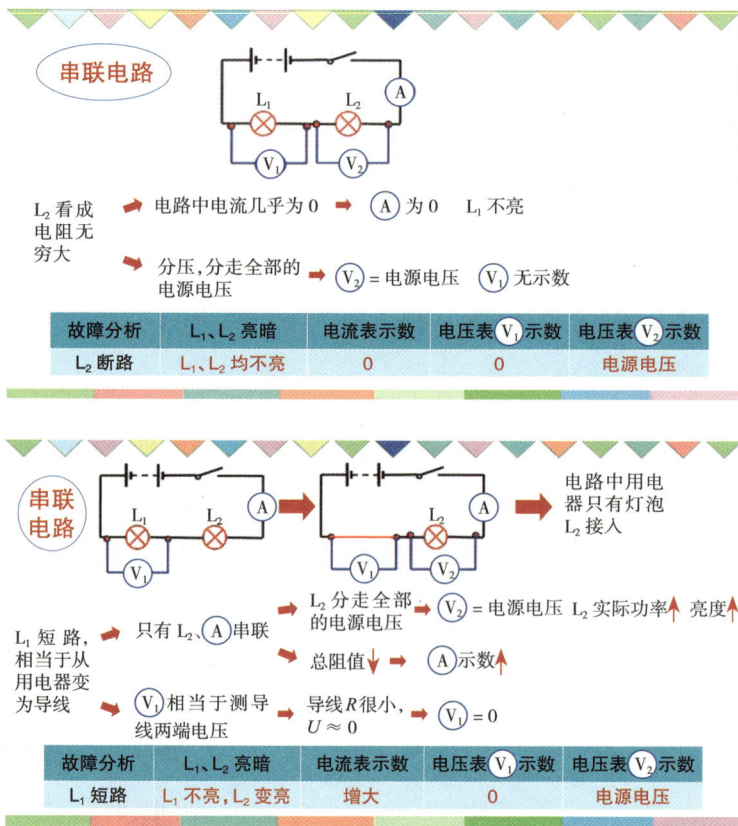

串联电路

L₂ 看成电阻无穷大 → 电路中电流几乎为 0 → Ⓐ 为 0 L₁ 不亮

→ 分压,分走全部的电源电压 → Ⓥ₂ = 电源电压 Ⓥ₁ 无示数

故障分析	L₁、L₂ 亮暗	电流表示数	电压表Ⓥ₁示数	电压表Ⓥ₂示数
L₂ 断路	L₁、L₂ 均不亮	0	0	电源电压

串联电路

电路中用电器只有灯泡 L₂ 接入

L₁ 短路,相当于从用电器变为导线 → 只有 L₂、Ⓐ 串联 → L₂ 分走全部的电源电压 → Ⓥ₂ = 电源电压 L₂ 实际功率↑ 亮度↑

→ 总阻值↓ → Ⓐ示数↑

→ Ⓥ₁ 相当于测导线两端电压 → 导线 R 很小, U ≈ 0 → Ⓥ₁ = 0

故障分析	L₁、L₂ 亮暗	电流表示数	电压表Ⓥ₁示数	电压表Ⓥ₂示数
L₁ 短路	L₁ 不亮,L₂ 变亮	增大	0	电源电压

图 4-15 "电路故障分析"独立模型图

第三次"综合"建模：一般我们可以先借助灯泡的亮暗和电流表的示数来判断串联电路的故障。如果两灯都不亮,电流表示数为 0,则发生的故障是断路。如果电流表示数增大,且有一盏灯变

更亮,那么发生的故障是短路。再根据电压表的示数来判断究竟是电路中哪一部分短路或断路,如图 4-16 所示。

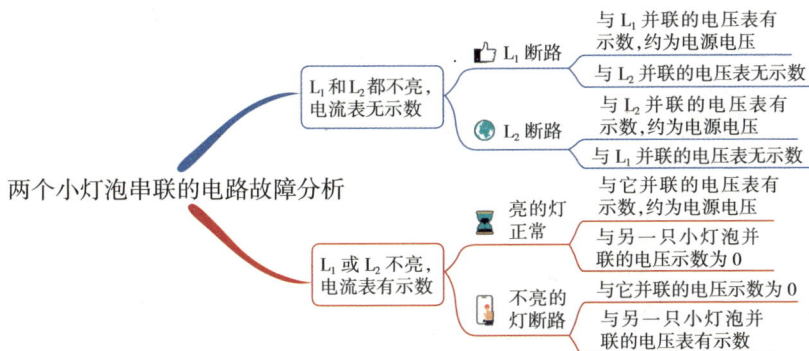

两个小灯泡串联的电路故障分析

- L₁ 和 L₂ 都不亮,电流表无示数
  - 👍 L₁ 断路
    - 与 L₁ 并联的电压表有示数,约为电源电压
    - 与 L₂ 并联的电压表无示数
  - 🌐 L₂ 断路
    - 与 L₂ 并联的电压表有示数,约为电源电压
    - 与 L₁ 并联的电压表无示数
- L₁ 或 L₂ 不亮,电流表有示数
  - ⏳ 亮的灯正常
    - 与它并联的电压表有示数,约为电源电压
    - 与另一只小灯泡并联的电压表数为 0
  - 📱 不亮的灯断路
    - 与它并联的电压示数为 0
    - 与另一只小灯泡并联的电压表有示数

图 4-16　"电路故障分析"综合模型图

　　习题类微课可带领学生由表及里地建构模型,此模型既可以是例题题干中原有模型的改造和细化,也可以是一种思维的外化,即将零散的知识点按一定逻辑整理编织成一个思维体系,化繁为简地建构解题模型,达到修正解题错误、完善解题思路、熟悉解题流程的作用。

炼思维模型

　　通过分析熟悉的问题,归纳解决问题的方法,建立相应的思维模型,迁移应用到新的情景中,是深度学习的重要方式。在习题讲解中,教师可以有意识地把同一个思维体系中的经典问题放在一起,通过问题引导和方法指导,帮助学生构建思维模型,如图 4-17 所示。

■ 典例剖析

(2019 安吉模拟) 两个烧杯中装有等质量的金属锌和镁,然后分别逐滴加入相同浓度的稀硫酸,产生氢气的质量与加入硫酸的质量关系如图所示。下列说法正确的是( )。

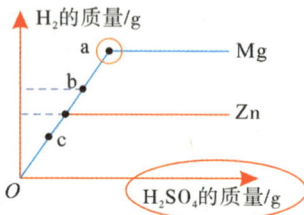

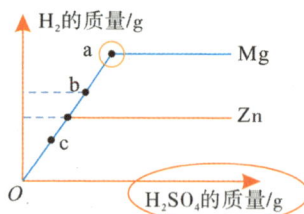

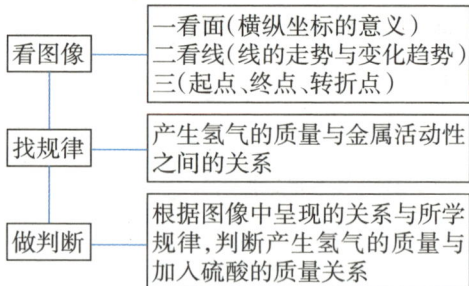

A. 该图反映出镁比锌的金属活动性强
B. a 点时,两个烧杯中的酸都恰哈完全反应
C. b 点时,两个烧杯中产生氢气中质量相同
D. c 点时,两个烧杯中都有金属所剩余

图 4-17 "金属与酸的反应"习题

例如图像类习题,蕴含着这样的思维过程:弄懂横坐标、纵坐标表示的含义,理清线条的走向和变化趋势,注意起点、终点和转折点。利用微课,可以梳理解题中的思维过程,形成完整的思维模型,帮助学生将复杂的解题方法结构化,促进深度学习,如图 4-18 所示。

(2019 安吉模拟) 两个烧杯中装有等质量的金属锌和镁,然后分别逐滴加入同浓度的稀硫酸,产生氢气的质量与加入硫酸的质量关系如图所示。下列说法正确的是( )。

看图像	一看面(横纵坐标的意义) 二看线(线的走势与变化趋势) 三(起点、终点、转折点)
找规律	产生氢气的质量与金属活动性之间的关系
做判断	根据图像中呈现的关系与所学规律,判断产生氢气的质量与加入硫酸的质量关系

图 4-18 "金属与酸的反应"思维模型图

再如实验探究类习题,可以从以下几个方面建构模型:准确把握实验目的;明确实验原理;确定实验变量和设置对照实验;设计出合理的实验装置和实验操作,得出预期实验结果和结论。

【案例】"浮力图像题"

习题类微课在设计过程中既要遵循一般微课的原则,又要融入习题课的特点,因此在微课设计流程上进行了相应的调整。下面结合"浮力图像题"的具体案例进行分析,如图4-19所示。

图4-19 "浮力图像题"设计流程

第一步:精心选题

浮力是初中科学的核心内容,本题以木块加水过程中浮力变化情况为主线,将阿基米德原理、物体浮沉条件等知识进行串联,是一道综合性较强的浮力题。同时本题也是一道批改过程中近乎"全线飘红"的题目,学生对木块在整个过程中的动态变化,以及所受浮力大小变化的理解具有一定的困难,且学生文字表述能力偏弱,在理解和表达不到位的情况下,作图也是漏洞百出,因此本题是反映浮力分析的典型例题,如图4-20所示。

(2015绍兴、义乌)将一密度比水小的木块,系好绳子后放在甲图容器中,并把绳子的另一端固定在容器底部的中央,然后沿器壁缓慢匀速倒入水(忽略其他因素影响)。容器中水与木块位置变化如乙图所示。请你在丙图中画出木块在从加水开始到被完全浸没的过程中所受浮力随时间的变化情况,并说出各段变化的理由。(温馨提示:t_1 时间时木块恰好离开杯底,t_2 时绳子刚好被拉直,t_3 时木块刚好被完全浸没。)

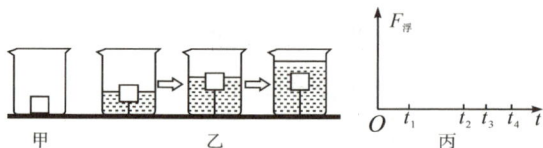

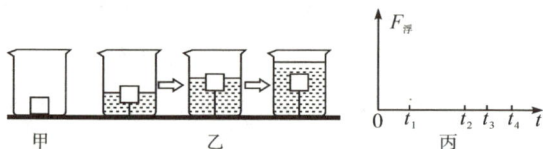

图 4-21 "浮力图像题"习题

第二步:精细读题

　　读题时将关键词用不同颜色进行圈画,可以呈现解读过程,使平时教师的口述变得可视化。读题的语言可以诙谐幽默,具有互动性,增强题目的趣味性和感染力,但必须严谨、科学。通过读题方式的引导,可以培养学生良好的阅读习惯和提取关键信息的能力,如图 4-22 所示。

(2015绍兴、义乌)将一密度比水小的木块,系好绳子后放在甲图容器中,并把绳子的另一端固定在容器底部的中央,然后沿器壁缓慢匀速倒入水(忽略其他因素影响)。容器中水与木块位置变化如乙图所示。请你在丙图中画出木块在从加水开始到被完全浸没后的过程中所受浮力随时间的变化情况,并说出各段变化的理由。(温馨提示:t_1 时间时木块恰好离开杯底,t_2 时绳子刚好被拉直,t_3 时木块刚好被完全浸没。)

图 4-22 "浮力图像题"读题方法

第三步:精巧破题

"一通则百通",想要做到"通达","破"显得尤为重要,本题主要从以下两个方面精巧破题:

首先,分解问题。根据学生的认知规律,分析错因,可以将难题进行分解,先设置木块底部不连接绳子时浮力变化的基础题,再引入原题作为拓展提高题,思考连接绳子后,浮力在哪些阶段是相同的,在哪些阶段又发生了改变,如此层层深入、抽丝剥茧地抛出问题,呈现了学习的梯度,能在"最近发展区"不断拓展学生思维,如图 4-22、图 4-23 所示。

(2015 绍兴、义乌)将一密度比水小的木块,系好绳子后放在甲图容器中,并把绳子的另一端固定在容器底部的中央,然后沿器壁缓慢匀速倒入水(忽略其他因素影响)。容器中水与木块位置变化如乙图所示。请你在丙图中画出木块在从加水开始到被完全浸没后的过程中所受浮力随时间的变化情况,并说出各段变化的理由。(温馨提示:t_1 时间时木块恰好离开杯底,t_2 时绳子刚好被拉直,t_3 时木块刚好被完全浸没。)

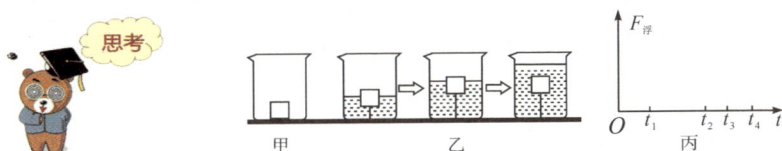

图 4-22 基础题——搭建脚手架

将一密度比水小的木块放入甲图容器中,然后沿器壁缓慢匀速倒入水(忽略其他因素影响)。容器中与木块位置变化如乙图所示。请你在丙图中画出木块从加水开始到漂浮后的过程中浮力随时间的变化情况图,并说出各段变化的理由。(温馨提示:t_1 时间时木块恰好离开杯底,t_2 时绳子刚好被拉直,t_3 时木块刚好被完全浸没。)

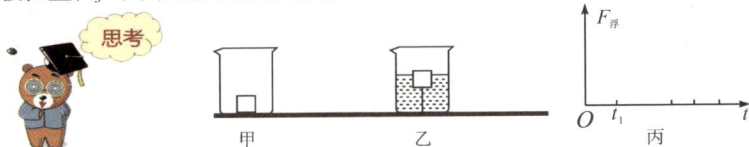

图 4-23 原题再现——拓展思维

其次，巧用实验。杯内加水时，木块的浮力变化情况（如图 4-24）是学生学习的难点，解题时单一的讲述方式往往显得枯燥乏味，在微课中插入了两个自制的实验视频，分别是木块底部不连接绳子与连接绳子时，木块运动情况的变化。视频可以化静为动，重现解题过程，将解题思路以画面的形式生动展现在学生眼前，把死板的做题变成一种真实的代入感。学生也会慢慢模仿，把一道题用一张图片、一个生动的实验在脑海中建构起来，使解题变得生动有趣。

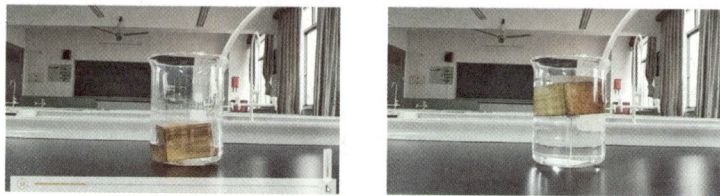

图 4-24 “浮力图像题”实验过程图

优秀的破题既要逻辑严密地呈现解题过程，又要做到形象生动、恰如其分；既要遵循题型的主线，对解题过程有完整的表达整理，又要层层深入地抛出问题；既要做到画面简单、整洁，又要留下主要的解析痕迹，方便学生阅读和观看，如图 4-25 所示。

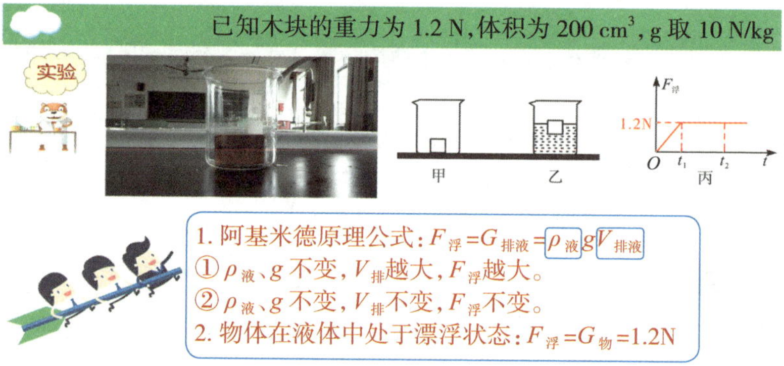

已知木块的重力为 1.2 N，体积为 200 cm^3，g 取 10 N/kg
实验
$F_{浮}$
1.2N
O
t_1
t_2
t
甲
乙
丙
1. 阿基米德原理公式：$F_{浮}=G_{排液}=\rho_{液}gV_{排液}$
① $\rho_{液}$、g 不变，$V_{排}$越大，$F_{浮}$越大。
② $\rho_{液}$、g 不变，$V_{排}$不变，$F_{浮}$不变。
2. 物体在液体中处于漂浮状态：$F_{浮}=G_{物}=1.2N$

图 4-25 “浮力图像题”分析过程图

第四步:精准炼题

在提升部分,微课包含了以下两个方面:一是归纳知识要点,二是提炼解题方法,如图 4-26 所示。

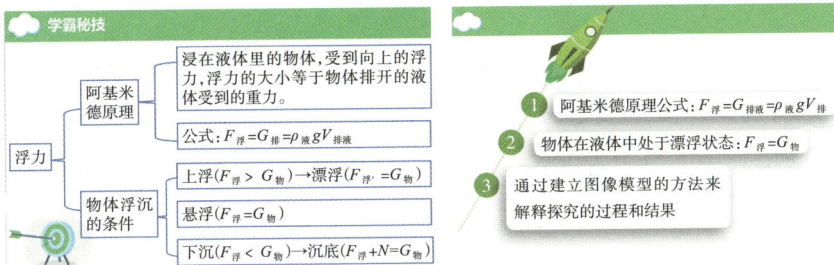

图 4-26 "浮力图像题"思维模型图

对阿基米德原理和物体浮沉的条件进行小结,可以巩固强化核心知识,构建知识网络。对图像法进行提炼,能教会学生将复杂信息转化为简单模型,在构建模型过程中搭建思维的桥梁,更好地解释探究过程和结果。

作用:丰富教学方式,共享优质资源

教师对微课的需求

教学实践的需要

教师对习题的理解和掌握程度,直接影响到课堂习题讲解的效果。

科学习题涉及的知识范围广、重难点多,且许多题目涉及物理、化学、生物等多学科知识交叉,这就需要教师借助一定的学科功底去解读。教师在课前观看和借鉴微课,利用微课生动形象的视频讲解能较好地解读和剖析习题,在减轻备课负担的同时,从中受到启发,迁移到自己的教学之中,提高讲解的准确性与有效性。

课堂上习题的讲解比较枯燥,只靠教师一人讲解难免有疏漏的地方。教师在课堂讲授过程中,可以有选择性地播放微课,代替自己的讲解;教师则成为组织管理者,随时关注学生的状况,紧密配合播放进程进行组织和引导,对微课中未涉及的解题方法或学生有疑难的地方进行补充。这样,学生的眼中就有了两位教师,一个不厌其烦地反复讲解示范,另一个管理、答疑,更具针对性地实施教学,从而丰富教学方式,提高课堂效率。

习题类微课在课后也能发挥巨大的效用,可让教师在一定程度上减轻课后个别辅导的负担,将更多的时间放在教学设计上,提高教学效率。

资源共享与教学反思的需要

教师在教学中应注重教学经验的积累,这经验可以靠自身在实践过程中积累,也可以向优秀的同行学习。优秀的教师虽然有许多好的经验和独到的解题方法,但过去没有恰当的途径传播。微课的出现恰好提供了一种很好的方式,能将优秀教师的教学智慧通过多媒体手段展示出来。

微课可保存、可传播的优点,让更多的一线教师能通过共享的微课资源进行学习、受到启发,在汲取优秀教学经验的同时,不断反思自己的不足之处并加以改正,从而迅速提升自身的教学水平,促进专业成长。

学生对习题类微课的需求

查漏补缺的需要

科学习题知识点多、综合性较强，学生在学习过程中难免有一些疏漏的地方。特别是部分同学在课堂上没有听懂但又羞于发问，那就可以通过课后精准搜索，定位自己所需的习题微课，并针对自己的疑难点反复观看，由自己把握学习的进度，避免因担心课堂跟不上而产生焦虑情绪，增强学习自信。同时可以根据自己的学习掌握情况，搜索一些典型例题和自己的易错题，进行有针对性的自主练习，从而巩固重难点、突破疑难问题，自主完成查漏补缺。

自主学习的需要

另外，一部分有自学能力及自学意识的同学，可以根据自主学习计划的安排，搜索完整的、与教材内容配套的系列专题微课进行学习，在巩固知识点、达到知识内化的同时，也可以获得某类题型的解题思路与方法，开拓自己的思路，使学习更有效率。

第五章

专题类微课

　　专题类微课是指为一个单元或一个知识板块的复习而设计的微课。由于专题类微课主要用于复习阶段，因此它的目标是实现"温故知新补缺漏，融会贯通更熟练"。与新课类微课相比，它有其独特之处，主要表现在概括性高、方法性强等方面。如何用"短小精悍"的微课来完成"超大容量"的复习，是专题类微课面临的挑战。如果说新课类微课是栽活一棵树，那么专题类微课就是育好一片林。从知识层面看，专题类微课是通过各种微课技术让学生从整体上系统地把握与该主题相关的知识，构建完整的知识体系；从能力层面看，专题类微课要借助各种特殊的微课式"互动"突出学科思维能力的培养，巧用各类微课手段提高学生运用所学知识分析问题、解决问题的综合能力。

　　专题类微课的特点之一破"理"：巧用动画等技术手段对零散的知识进行系统整理，解决了学生知识"碎片化"的问题，动态构建知识网络，将知识"化零为整"，为知识概念的熟练运用打下基础；特点之二破"通"：在知识"内化"的基础上，通过视频、图片等形式制造超强动感画面，创设"真实"情境，把所学的概念和原理运用到生活情境中，通过对话模拟课堂提问与回答，在"任务驱动"·中让死知识变成活知识、书本知识变成个人知识,实现融会贯通、触类旁通、一通百通。

　　然而在各种微课类型中,专题类微课无疑是微课制作的老大难。对于大多数教师而言,设计一节运用于复习的专题类微课就如同上一节复习课一般,往往会走入"纯知识回顾,只有重复没有提升",抑或"习题轰炸,缺乏系统性"等误区。

　　如何制作一节高质量的专题类微课呢? 下面从专题类微课独特的"设计流程、设计要点"等方面出发对专题微课的制作进行详尽的阐述,并通过典型案例剖析对其设计与制作过程进行具体的介绍。

五部曲模型

　　初中科学专题类微课与其他类型的微课相比具有内容广、系统性强、难度大等特点,既要关注知识整合,又要关注能力提升,还要涉及方法指导,实现知识迁移。因此,一节初中科学专题复习课往往不是通过一个微课来完成的,常采用一系列微课的方式呈现,如将一个专题分为"上、下"两部分或"上、中、下"三部分,主要完成以下任务,如图5-1所示。

知识整理
明确学习任务
构建知识网络

知识迁移
回归生活应用
促进思维拓展

重难点突破
找准易错点
突破重难点

专题类微课

图5-1　专题类微课的主要任务

为了完成上面的三项任务,专题类微课(或微课系列)通常会根据下面的流程进行设计(如图5-2)。

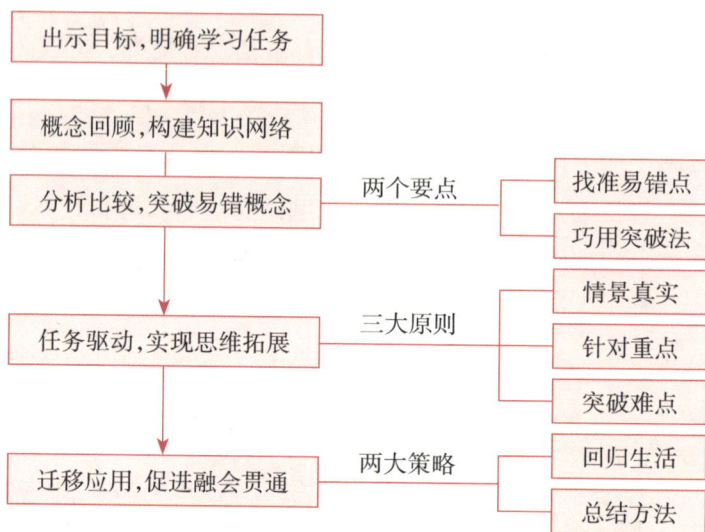

图5-2 专题类微课的设计流程

出示目标,明确学习任务

与课堂复习不同,专题类微课要开门见山地亮出学习目标。由于专题类微课是用于学生自主复习,所以目标是否达成需要学习者自己进行检测,让学习者在微课的一开始就明确本节微课所要达成的目标尤为重要,这给学习者的学习指明了方向,让学习者更有目的、更高效地观看微课,让复习有的放矢。

概念回顾,构建知识网络

带领学习者明确目标后,专题类微课要做的就是概念回顾。概念回顾并不是简单地重复,而是引导学生按照一定标准对基础知识进行梳理、分类、整合,通过网络图、知识树等可观的形式来呈现、理解和揭示知识的本质联系。在课堂复习中,知识网络的构建可以借助板书进行落实,板书书写是个动态的过程,可以引领学生的思路跟上老师的节奏。为了达到这种"板书"的效果,微课则可以充分发挥自定义动画的作用,可以通过自定义动画逐步向学生展示知识生成的脉络,让学生跟着老师的思路抓住每个知识点之间的联系,逐步由"点"及"面"形成一张知识网,如图 5-3 和图 5-4 所示。通过知识网络图的构建,基础薄弱的孩子完善了知识库,能力较强的孩子建立了自己的知识网络,为后期的融会贯通打下基础。以"运动和力"知识网络图的构建为例,在复习过程中为了让学生真正理解和掌握运动和力的规律,使力学知识不再杂乱无章地堆积在学生的头脑中,微课中可以先呈现"物体的受力情况"和"物体的运动状态"这两大部分,让学生建立两者之间的联系,然后先通过动画呈现没有受到外力作用的运动状态,再引导学生写出受到外力作用的运动状态,在逐步搭建的过程中让知识更容易地被学生理解和提取。

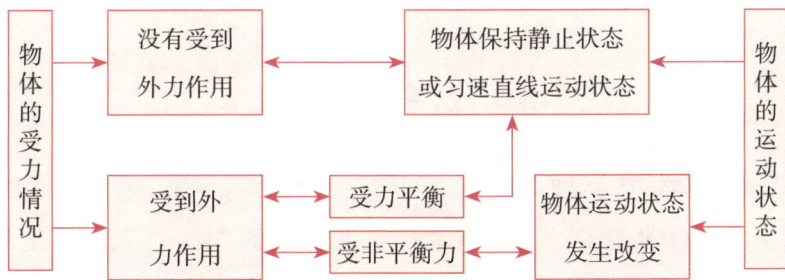

图 5-3　"运动和力"知识网络图

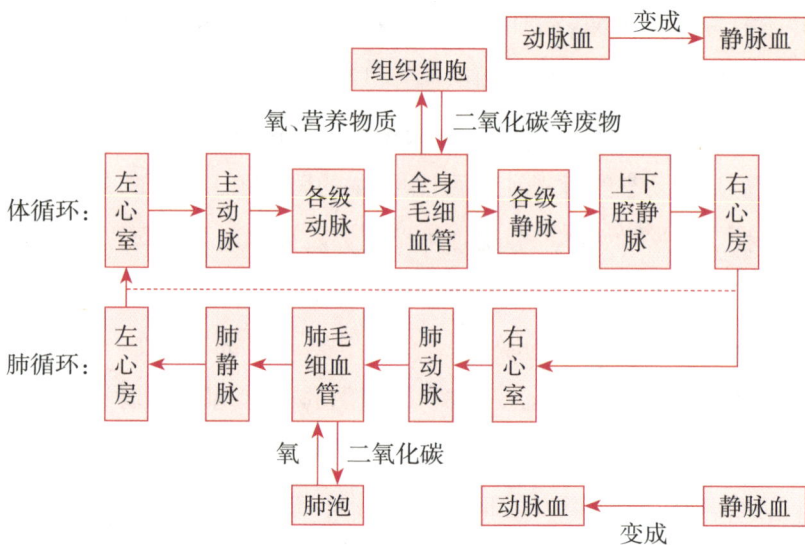

图 5-4 "血液循环"知识网络图

通过上面图 5-3 的知识梳理,学生能够跟着动画呈现过程逐步将"运动"和"力"这两个零散存在于脑海中的概念联系起来,形成"通过运动状态判断受力情况"以及"通过受力情况判断运动状态"的意识,让运动和力的知识形成整体性框架。

分析比较,突破易错概念

专题类微课无法回避的一个问题是如何突破学生的"易错概念"。不同于课堂教学,微课学习没有师生互动,学生的"易错"无法通过学生的当堂回答呈现,因此要突破学生的易错概念,教师根据已有的经验对"易错概念"进行精准定位以及精准讲述尤为重要。这就需要教师在讲述时充分发挥自己的语言魅力。在易错概念剖析中,教师应站在学生的角度思考问题,通过模拟师生对话的形式,问学生所疑,答学生所惑,引起学生的共鸣,增强观看微课的真实感和体验感。同时,也可以将易错概念或错误的知识点,通过剖析词语、辨析分类等形式进行辨别,抓住重点,找准痛点,直击学生心理,并通过视频、动画等形式呈现,让学生更直观地认清概念混淆的易错点。比如初中科学中"动脉"和"动脉血"这对"易错概念"就可以通过提问"动脉中流的一定是动脉血吗?"来突破。教师可以通过视频呈现整个血液循环的过程,该过程中动脉血用红色表示,静脉血用蓝色表示,让学生直观地看到"肺动脉"里面流的是"静脉血";再通过动画呈现肺部和组织细胞气体交换的过程,让学生理解"肺动脉中流静脉血、肺静脉中流动脉血"的本质原因,从视觉上直接突破易错概念。再如"平衡力"和"相互作用力"是力学中学生最容易混淆的两个概念,可以采用对话的方式呈现。学生:"老师,我总是混淆平衡力和相互作用力,有没有方法一下子就能判断呀?"教师:"它们是孪生兄妹,确实很容易弄错,两者长得很像,都是大小相等、方向相反、作用在同一直线上的两个力,老师教你一个法宝立刻识别它们,关键看两个力是不是在同一物体上,在同一物体上那就是平衡力,不在同一物体上那就是相互作用力啦。"这种生动的对话直击学生内心,让学生感同身受,学生听了也就印象深刻了。

任务驱动,实现思维拓展

初中科学复习的一个重要任务就是实现思维的拓展,课堂中通常通过任务激发学生自主复习的动力,在解决一个个任务中实现思维的拓展和综合能力的提升。课堂复习的任务驱动形式很多,如方案设计、动手实验等,学生能直接在课堂上呈现任务完成的效果,再通过教师展示和评价激活思维,拓展思维的深度与广度。专题类微课互动本身就比较少,在任务驱动下学习就显得尤为重要。如何给学生派任务呢？"问题链"是个不错的选择。问题是思维的起点,所有的问题都是为了引导学生和教师一起思考、求解。可以说,通过提问的形式派任务本身就是引导思维的过程。问题链和任务的选择建议从真实的生活情境出发,选择与当前学习重难点密切相关的真实情境,将真实的情境通过视频或图片的方式呈现,使现象更加直观地再现,通过问题链和任务的梯度设计,加强学生的闯关体验。学生参与解决任务的欲望越强,对问题的思考也就越深入。

迁移应用,促进融会贯通

美国心理学家奥苏伯尔认为知识迁移就是人们已有的认知结构对新知识学习发生影响。科学本身就是源于生活又回到生活的一门学科,"为迁移而教"已成为科学教师的共识,在科学学科的复习过程中,迁移应用是重要目标。建构主义学派关注"情境"与"建构"在学习迁移中的作用,并认为学习迁移就是在新的情境中对原有知识的重新建构,这为专题类微课中知识的迁移运用指明了方向。专题类微课中生活实例的选择需结合学生心理,常规的课堂教学往往通过教师的语言表述,而微课可通过视频+音频真实还原生活场景,加以教师讲解旁白,用凸显关键词的方法让学生从图文中获得关键性信息,指导学生抓住问题的本质,再通过下一个"情景"对建构的知识进行应用的检测,促使学生在新的问题情境中实现融会贯通。专题类微课还可以通过类题演练的方式来检测学生变式应用的能力,以达到让学生从"会做一道题"上升到"会做一类题"的效果,而解题本身就是迁移应用的过程,类题演练是检测知识应用的有效途径,也是对复习效果最直观的反馈。

知识整合、突出主题、学法指导、迁移应用

强调知识整合

实践证明,学科能力的形成源自对知识细节及其知识体系的深刻理解。知识的作用,主要不是知识量的作用,而是合理结构的作用。在知识应用、解决问题的过程中,并非独立地运用某个单项知识,归根到底是整个知识结构在起作用。知识的整理应该是学习者自己建构的过程,但专题类微课对知识的整合是教师给予的,学生容易被教师的思维和逻辑所牵引,这既是一件好事也是一件坏事,好事是在较短的时间内帮学生形成了知识框架,坏事是学习者容易丢掉自己的思考力和判断力。因此可考虑以"先主干再枝叶"的方式去呈现教师进行知识整合的思路,教会学习者如何对个别、零散、无规律的知识、信息进行分析、归纳、比较,并纳入相应的知识库,这样学习者在需要解决问题时就能准确、快捷地从"知识库"中提取有效的知识、信息,同时在这一过程中学习者还能吸收新知识、新信息,进而掌握知识、形成能力(如图5-5)。

【案例】九年级上册——"酸碱盐"复习微课

九年级化学是初中科学学习的一个转折点,是学生第一次系统地接触物质的变化规律。由于本章内容多、反应多、现象多,多数学生习惯于死记硬背、生搬硬套,复习的时候更是一团乱麻,根本原因是学生的知识点零散错乱。在设计"酸碱盐"专题类微课时就需要以知识网络为载体,先在屏幕中搭建出图5-5的中间核心部分,然后按暂停键让学生思考能否将枝叶补充完整;在停顿一段时间后再呈现教师整理好的酸的通性,再按暂停键让学生思考如何根

据酸的通性对应地写出碱的通性，以此类推，循序渐进。微课上的画面呈现的是教师的思路，合理的顺序和适当的暂停是为了让学生跟上教师的思路，让知识在学生的脑海中整合，从而帮助记忆。

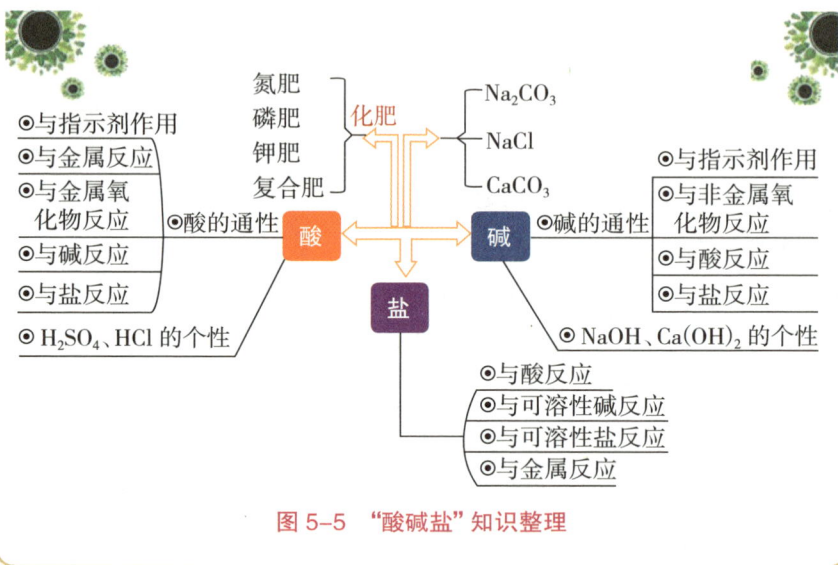

图 5-5　"酸碱盐"知识整理

针对重难点

复习内容的"大容量"与微课的"短小精悍"是相互矛盾的，如何解决这个矛盾？除了录制成微课系列，还需要在短短的5—8分钟内选取学习的重点、难点、疑点，即聚焦"必须依靠教师的讲解才能理解"的内容，学生才能得到提升。微课的优点在于学生是"一对一"学习，重难点部分可以重复观看，也可以在暂停思考、查阅资料后继续观看，教师在录制过程中需要用独特的语言营造出"一对一"讲解的氛围，需要在适当的时候暂停，实现个人能力真正的突破。专题类微课突破重难点的方法和形式多种多样，可以开门见山、单刀直入，也可以侧面突围、迂回前进。教师可以充分利用微课的特点用一些形象、直观的教学手段，比如用慢动作呈现过程、回放等形式让学生获得感知,突破重难点,还可以通过典型的习题案例进行分析比较、总结归纳,在比较中找到关键点、突出重点、突破难点(如图5-6和图5-7)。

【案例】九年级上册——"机械能"重难点分析

在"机械能"一节中,运动过程中机械能与弹性势能间的转化以及转化过程中速度的变化是难点。案例通过典型的"蹦极"视频(如图5-6、图5-7),将学生带入蹦极的紧张刺激中,"尖叫声""呼喊声"立马让学生进入情景,学生也立马进入思考的状态。同时,案例的分析直指重点、难点,绳子拉力的变化、速度的变化、能量的转化等都能通过动画演示直观地呈现出来,将思维显性化。通过慢动作、过程细化、颜色划分帮助学生理解,分析学生惯性思维的错误,找到学生对这一类问题的分析存在的盲区,让学生体会到错误分析的问题所在,再进行正确的方法引导,最后进行总结归纳,从而使难点得以突破。

(易错题1)有一种运动叫蹦极,如图所示是蹦极运动的简化示意图,弹性绳一端固定在 O 点,另一端系住运动员,运动员从 O 点自由下落,A 点处弹性绳自然伸直。B 点是运动员受到的重力与弹性绳对运动员拉力相等的点。C 点是蹦极运动员到达的最低点,运动员从 O 点到 C 点的运动过程中忽略空气阻力,则(　　)。

A.从 O 点到 C 点运动员速度一直减少

B.从 O 点至 A 点运动员机械能不守恒,从 A 点至 C 点机械能守恒

C.从 O 至 A 过程中运动员速度增大,从 A 至 C 过程中运动员速度减小

D.从 O 至 B 过程中运动员速度增大,从 B 至 C 过程中运动员速度减小

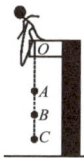

【提示】　动能变化:看"速度变化"

　　　　重力势能变化:看"高度变化"

　　　　弹性势能变化:看"形变程度"

图5-6　关于"蹦极"的易错题

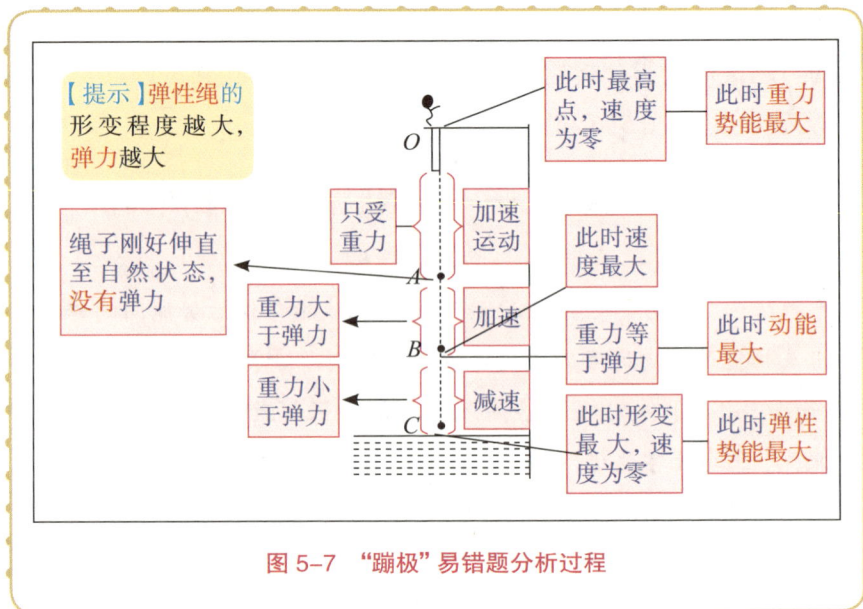

图 5-7 "蹦极"易错题分析过程

突出学法指导

复习期间学生要面对的复习内容很多,手头上又有大量的复习资料,有的学生如坠云海,无从下手,此时若有专业的自主复习指导,学生就能精准复习,专题类微课则承担着给学生自主复习提供方法指导这一重要任务。学生只有掌握了正确的科学学习方法,才能避免走入"死记硬背""题海战术"的误区。

复习方法指导

复习方法指导是指引学生如何科学合理地进行自主复习,让学生不依赖课堂或者老师,对复习目标进行定位,帮助学生明确复习目的,制定复习计划,落实复习措施。如初中科学复习一直提倡回归教材,而如何看书、如何利用教材上的资源却是学生自主复习的一大难点。由于课堂教学复习时教师不能像上新课那样让学生逐一翻书,利用专题类微课指导学生如何"翻"好手头上的教材是一个不错的选择。通过微课让教材上的原图、原话再现,必要的时候标注好页码,比在课堂上让学生去翻书效率更高。当然,自主复习的方法有多种形式,如回顾教材构建知识网络、重温重点实验归纳方法、重做错题建立错题本等等,在专题类微课中这些都能进行示范,并能让学生在模仿中习得方法(如图5-8和图5-9)。

【案例】九年级上册——"第三章看书方法指导"

以九年级上册第3章物理复习为例,学生往往会在大量的练习中迷失方向。而很多习题的原型都能在教材的实验或活动中找到(如图5-8),吃透教材显得尤为重要,可以实现复习的事半功倍。比如有关动能的影响因素探究,学生很容易将"改变的高度""拉开的角度"等作为自变量,或者用现象代替结论,这些问题的产生原因归根到底就是对教材实验的不熟悉。因此专题类微课指导学生复习时要带领学生重温课本经典实验(如图5-9),利用微课"可剪辑、可拼接"的特点对有关习题进行"大收集",让学生在一类习题与教材实验的比较中领悟看书的正确方法。

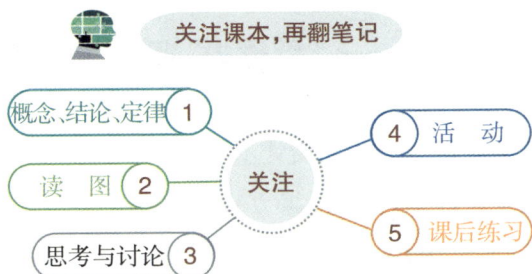

图5-8　看教材的关注点

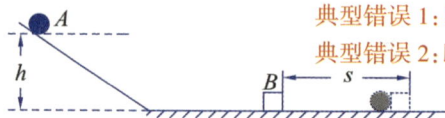

因变量　　无关变量:质量

为研究影响动能大小的因素,让同一个钢球从斜面上不同高度处分别由静止开始沿斜面滚下,比较木块被小钢球推出的距离大小。

因变量的观测指标　　真正的自变量:速度

实验结论:

物体的质量相同时,下落的高度越高,
木块被小钢球推出的距离就越远。

典型错误1:自变量把握不准
典型错误2:以现象代替结论

图 5-9　经典实验剖析

解题方法指导

科学专题复习很重要的载体就是习题,通过习题的讲解渗透知识的学习,而复习过程中很多学生最头疼的问题就是"解题"。专题类微课必须让学生学会从繁杂的题目中解脱出来,通过教师清晰精准的讲解形成解题模型,找到统一的规律和解题方法,引导学生在自我总结的基础上掌握各种题型的命题特点、规律和相关解题方法,抓住问题的本质,并通过文字或图形呈现出来,让解题方法和思路显性化,最终实现让学生从"学会解一道题"上升到"学会解一类题"(如图 5-10)。

【案例】七年级上册——"摩擦力"复习中解题方法指导

摩擦力的大小与方向的判断是初中科学——力学部分的难点,也是学生失分最多的知识点。摩擦力的分析判断是有技巧和方法的,通过"推箱子"的经典案例,整理分析静摩擦力和滑动摩擦力的大小与方向的判断方法,这样的解题指导在平时教学中都是以教师口述或板书的方式呈现的,而这里充分发挥微课的优点,将教师推理的思路显现出来,学生在接下来解决这种问题时就能使用该模型。

易错点:摩擦力的大小与方向的判断　　　**物体状态是关键**

一个物体重 200N,静止在水平地面上。判断物体所受摩擦力情况

① 当我用 20N 水平向左的推力推它时没推动　　$f_{静}$=20N

② 当我用 30N 水平向左的推力推它时还没推动　　$f_{静}$=30N

③ 当我用 60N 水平向左的推力推着它向左运动　　$f_{静}$=50N

④ 当我用 50N 水平向左的推力推着它向左匀速直线运动　　$f_{滑}$=50N

静摩擦力大小:通过二力平衡的条件来判断

滑动摩擦力大小:① 通过二力平衡的条件来判断,② 通过影响滑动摩擦力因素来判断。

⑤ 当该物体做匀速直线运动时,我突然撤销推力,物体由于 具有惯性 ,继续向前运动,此时它受到的摩擦力大小为 50N 。

易错点:摩擦力的大小的判断

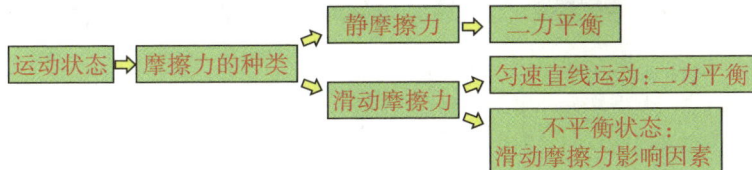

运动状态 → 摩擦力的种类
- 静摩擦力 → 二力平衡
- 滑动摩擦力 → 匀速直线运动:二力平衡
- 滑动摩擦力 → 不平衡状态:滑动摩擦力影响因素

图 5-10　"摩擦力"判断方法指导

专题类微课在指导解答题的作答方面发挥着重要作用。解答题的作答关键之一就是要把握和正确理解题干中的关键词和关键句。这需要教师在自己的材料中进行圈画,平常上课中常采用投影的方式,而微课则有效解决了这一困扰,学生可以跟着教师读题的节奏进行圈画,该过程有利于提高学生的注意力。解答题的作答第二个关键点就是要精准地表述。由于解答题的文字量比较大,教师上课时通常口述,很少去

书写,但在专题类微课制作过程中,则可以采用倒推法(如图 5-11)、归纳法等将说理要点串成逻辑主线,再呈现完整的答案。同时,专题类微课可以快速呈现出多位学生的不同答案,并根据 SOLO 评价法(一种以等级描述为基本特征的质性评价方法)进行评分,让学生清晰地明白问题所在。

【案例】八年级下册——"呼吸作用"复习中解答题回答技巧

如图 5-11 所示,就是先圈出关键词,再采用"倒推法",从"杯外的水进入杯内"现象出发,进行现象产生的原因分析,进行一步步倒推,用文字 + 符号清楚地展示教师的推理思路,对学生解决这一类题目起到引导作用。最后呈现出参考答案,思路和答案呈现在一个画面上,学生可以依据"思路"进行扩展形成完整的答案,答题就变得有抓手。

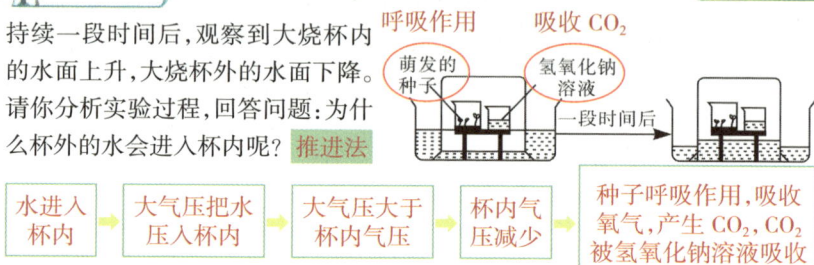

解题指导

持续一段时间后,观察到大烧杯内的水面上升,大烧杯外的水面下降。请你分析实验过程,回答问题:为什么杯外的水会进入杯内呢? **推进法**

呼吸作用　　吸收 CO_2

萌发的种子　　氢氧化钠溶液　　一段时间后

水进入杯内 → 大气压把水压入杯内 → 大气压大于杯内气压 → 杯内气压减少 → 种子呼吸作用,吸收氧气,产生 CO_2,CO_2 被氢氧化钠溶液吸收

答案:因为萌发的种子进行呼吸作用,消耗了氧气,产生的 CO_2 被氢氧化钠溶液吸收,导致大烧杯内的气体含量减少,气压减小,使得大烧杯内气压小于大气压,所以杯外的水被外界大气压入杯内。

可能性:
①杯内温度降低
②杯内气体减少

图 5-11　"呼吸作用"复习中解答题方法指导

注重知识迁移

教师在教学时有意识地运用学生已有的知识或以书本上别处的事例为素材,对所学的内容进行分析,这种现象叫知识的迁移。知识的迁移可以沟通知识之间的联系,加深学生对知识的理解。所谓的"温故知新""举一反三""触类旁通"说的就是知识迁移的方式。专题类微课要拓展学生的思维就必须关注知识的迁移,培养学生将所学知识应用到新情境、解决新问题的能力。

专题类微课的知识迁移可"从情境中来,到情境中去",利用多媒体手段转换情景是实现知识迁移的关键,将新情境纳入原有的认知结构中,这样"新情境"就变成了"旧问题",减少了学生对情境的陌生感,在不知不觉中实现了知识的迁移和运用(如图 5-12 和图 5-13)。

【案例】八年级下册——"氧化和燃烧"

📗 思考与讨论

扑灭森林大火,你有什么方法?

燃烧的必要条件(燃烧三要素):

一是有可燃物;
二是要有助燃剂,常用的助燃剂为氧气; 缺一不可
三是温度达到该可燃物的着火点。

图 5-12　从情景中归纳燃烧条件

知识迁移

油锅起火能用水灭火吗?

图 5-13　创设"燃烧"新情景

对于物质燃烧的条件,以往我们只是通过概念回顾,或是结合教材红磷、白磷燃烧的实验对比,分析燃烧的条件。虽然这种方式也能检测学生的学习效果,但却不利于学生的知识迁移。本案例中,我们结合专题类微课的特点,通过森林灭火的视频播放,总结燃烧的条件,然后马上用另一个生活例子"油锅起火"进行知识的迁移,通过视频播放,加强学生的直观体验——"水倒入油锅的瞬间,热油飞溅,巨大的火苗蹿起一米多高",让学生在真实的情景中进行知识的迁移与应用,促进知识的理解和能力的提升。

案例:"光的反射和折射"

下面将结合"光"这一完整的专题类微课案例具体谈谈上述原则和要点在专题类微课制作过程中的落实情况,该专题分"上、中、下"三个系列微课来落实不同层面的复习指导。下面主要截取"光的反射和折射"进行具体案例分析。

出示目标,明确学习任务

在"光的反射和折射"专题类微课中,我们开门见山地出示复习目标,将学生所需要掌握的知识和技能逐一罗列出来,在没有教师带领复习的情况下让学生明确复习方向,这是专题类微课与传统课堂复习上最大的不同(如图 5-14)。

- 学会区分三种光现象并找到现象背后的原理
- 利用经典的探究实验总结三种光的传播规律
- 辨析光学中的专有名词(如镜面反射 VS 漫反射)
- 运用光的传播规律解释生活中的现象

图 5-14 复习目标呈现

概念回顾,构建知识网络

第二部分进行知识的梳理,光的直线传播原理、光的反射、光的折射这三大理论是本节的重难点,有些现象虽然表面相似但原理完全不同。这里充分发挥专题类微课的优势,将多个场景统一呈现在一个画面上,让学生辨析,这样的情景再现增加了学生的体验感。在体验、辨析、分类之后,指导学生进行三大概念的比较和整理,通过填空补充的形式形成知识树,让学生能够把"平面镜成像""镜面反射""漫反射""凸透镜"等这些知识点对应归入相应的"知识库"中,避免零乱和混淆(如图 5-15 和图 5-16)。

图 5-15　生活中的光现象辨析

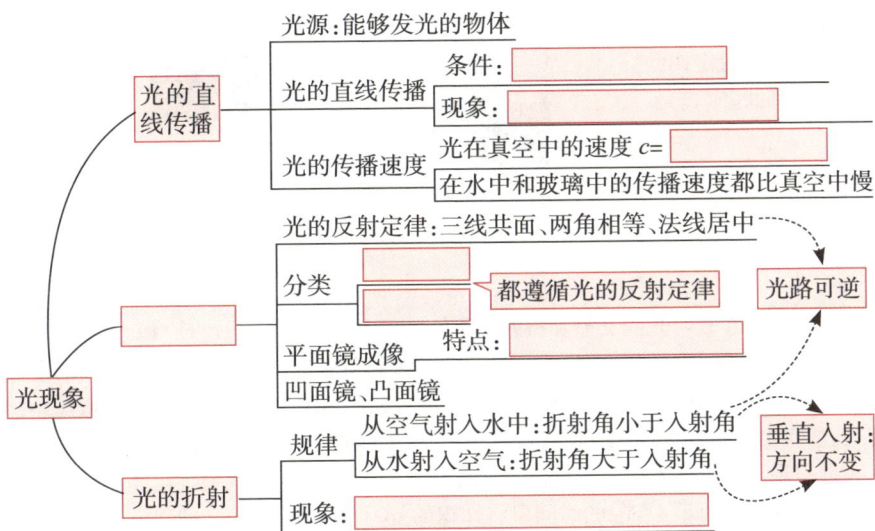

图 5-16　形成"知识树"

注:空缺处让学生补齐

分析比较,突破易错概念

一般复习处理	专题类微课处理
光的反射和光的折射有什么相同和不同点?	呈现两幅图: 01 透过现象看本质　　03 重点难点 两种现象有何不同? Q1:"水中月""河中鱼"两种现象有何不同? 成像原理不同,"水中月"是光的反射,"河中鱼"是光的折射。 Q2:你有什么简单方法来体现它们的成像原理吗? 模型法(画光路图)。
描述光的反射定律和折射规律(回顾实验)	01 透过现象看本质

【设计效果】在复习光的反射和折射规律的过程中,学生常常会出现"概念讲得出,但是一解释生活现象就会错"的问题。生活中最常见的水中的"月"和"鱼"的形成原理,是大多数学生的易错概念。微课恰恰利用生活中拍摄的图片产生认知冲突,暴露出易错点,再借助自身直观呈现作图过程的优势,将原理通过模型一步一步地呈现出来。从本质上分析出两种现象的不同点,同时对反射定律和折射规律进行了运用,微课在有限的时间里将知识的复习、易错概念的突破和模型法这一重要科学学习方法的应用统统予以落实。

任务驱动,实现思维提升

一般复习处理	专题类微课处理
通过回顾教材实验,巩固平面镜成像的特点	**任务一:** "水中月"的本质是光的反射,你还有什么方法来画出"水中月"? 平面镜成像 你还有什么方法来画出"水中月"? 如何通过实验证明这些特点? 你能否用实验来证明平面镜成像的特点? 播放教师的实验视频。

【设计效果】在复习平面镜成像的特点时,通过任务——画出"水中月",促使学生多角度地进行思考,在落实画图的任务中把平面镜成像的特点进行了回顾和运用,并通过画图的方式得以巩固。同时利用了微课可以插入视频的优势,让这种原本在课堂上静态的图像和苍白的文字真实地呈现出来,进一步加深学生对平面镜成像原理的理解,拓展思维。

| 光的折射有哪些特点? | **任务二:**
如果你是渔民,面对以下情况,你将怎么办?

如果你是渔民

用叉子去叉鱼的时候,应该叉向哪里?

若用激光笔去照射水底的鱼,又该对准哪里呢?

播放实验视频验证结果。
师:你能通过画图来解释吗?
微课呈现画图,并用不同颜色体现差别。 |

续表

【设计效果】通过"如果你是渔民"这样的情景模拟,结合生活中的实际的任务——"叉子叉鱼"和"用光照鱼",产生了思维冲突。通过实验视频呈现,增加学生的直观感受和理解。任务驱动引发了学生的思考,视频增强了学生的真实体验感,模型辅助了学生的理解,一系列微课处理让学生深入剖析了光的折射呈虚像和光路可逆原理这两处重难点,微课下的真实情景任务驱动增加了复习的趣味性和参与感。

	任务三:
从各个方向都能看到黑板上的字是因为发生了光的_____;黑板某一小部分"反光"是由于光射到这一小部分时发生了_____;我们能从不同方向看到本身不发光的物体,是光在物体表面发生_____的缘故。	迎着月光走 **③ 重点难点** 雨后初晴的夜晚,小亮在奶奶家吃好晚饭回家,路灯坏了,他迎着月光走,为了避开水洼儿,他应该往亮的地方走还是暗的地方走? 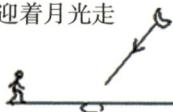学以致用 师:你能用画图的方式来解释吗? 镜面反射和漫反射是否都遵循光的反射定律?

【设计效果】镜面反射和漫反射是反射中的重点内容,而在生活中又普遍存在。一般复习处理往往用文字的形式进行几个场景的比较,而微课则把以往填空式的回顾转变为"如何避开水洼儿"的真实情境任务。在任务的驱动下,引发学生思考,在任务的解决中,贯彻画图构建直观模型的解题方法,更加深刻地理解镜面反射和漫反射的相同点和不同点,进一步提升学生对光的反射的理解。对于漫反射是否遵循光的反射定律这一难点,微课采取了"现场添加法线"的方法,呈现每一组入射光线和反射光线的关系,这种动画式呈现缩短了黑板画图的时间,可视感更强。

迁移应用,促进融会贯通

一般复习处理	专题类微课处理
04 答疑解惑 2 神奇的小球 如图所示,有一平面镜与水平面成45°角倾斜放置,有一小球位于平面镜的左侧,为使小球在镜中的像竖直向上运动,应使小球(　　)。 A.竖直向上运动 B.竖直向下运动 C.水平向左运动 D.水平向右运动 通过例题掌握平面镜成像。	**知识迁移** 同样是挡风玻璃,为什么小汽车的挡风玻璃是倾斜的,大货车或公交车的挡风玻璃是竖直的? 生活中小汽车和大汽车是常见的,但是为什么挡风玻璃的设计是不同的呢?请结合光路图分析。

【设计效果】由于专题微课时间有限制,知识迁移情景再现的选择必须经典,能够指向核心概念、重点难点。一般复习处理中,习题较抽象、模型化、远离生活,是纯粹的知识应用。改为微课呈现时,我们利用了真实生活的情景,借助"直观作图",将模型一步一步地呈现出来。从本质上分析出两个的不同点,进一步加深对"光的反射"规律的认识。

知识迁移 在空杯子里放一枚硬币,使眼睛刚好看不到,如图所示,保持眼睛和杯子的位置不变,慢慢向杯中注水,则(　　)。 A.随着水的增多,眼睛能看到硬币,但位置比实际位置高 B.随着水的增多,眼睛能看到硬币,但位置比实际位置低 C.随着水的增多,眼睛能看到硬币,但位置没有改变 D.注水后人看不见硬币 通过例题掌握光的折射。	**知识迁移** 神奇的硬币 为什么原本看不见的硬币又能看到了呢?

【设计效果】习题中的难点是眼睛看硬币的"目光"视角,学生只能看着左图中静态的硬币图想象而不能体验,即使在真实的课堂中教师的演示实验也无法让每个同学"站在教师的视角"观察。但在微课中,我们能够通过固定摄像机将"看"到的过程呈现出来,让学生跟教师一样能真实地体验到硬币的变化。如此直观的体验驱动学生更加深刻地理解折射造成的变化,再结合光路图建构"看不见"和"看得见"的两个过程,原本有点烦琐的分析就变得简单直观了,借助真实体验实现了知识的内化与融会贯通。

　　高质量的专题类微课不仅可以指引学生有方向性地进行自主复习，还有利于提升教师设计复习课的能力，促进教师专业成长。制作专题类微课的过程本身就是研究和学习"如何上好复习课"的过程，是对复习方法进行思考的集中反映；同时，制作专题类微课是适应优质教学资源存档的需要，将好的复习经验进行记录并传播，一线普通教师就可以从中受到启发，并可将其迁移甚至照搬到自己的复习课中。

第六章

故事类微课

　　世界级故事大师安妮特·西蒙斯在《故事思维》中写道:"道理只能赢得辩论,故事可以收服人心。"真诚的故事,有明确主题,有主观感受,又不乏细节,能够燃起人们的希望,给人留下深刻印象,也因此把人际关系和合作推进到积极的方向。不管在生活中还是在工作中,故事比道理更容易打动人,因此,讲故事的能力是影响他人的一项重要技能。在互联网时代背景下,科学教师如何利用"故事"思维,并将其渗透于初中科学微课,是服务初中科学教学的重要教学技能。

　　故事类微课,是根据学习目标,设计故事主线,加工相关的素材,用故事来串联知识点而制成的微课视频。故事类微课融故事情节和教学内容于一体,增加了教学的趣味性。融学习于故事,化知识为情节,是学生喜闻乐见的一种教学方法。故事作为文学的一种体裁,侧重于事件发展过程的描述,强调情节的连贯性,较适于口头讲述。而且故事往往都与生产生活有密切关系,将故事运用于科学教学,更使得抽象和客观的科学理论、规律带上了些许生命和意志的韵味,也是中学阶段的孩子乐于体验和感受的。

要点：智趣统一、主线贯穿、营造氛围

生动形象，智趣统一，一举两得

学生的学习兴趣，很大程度上取决于所学的内容，以及合适的教学活动。故事运用于微课教学是亮点，为知识点提供了一个背景，增加趣味性。一般而言，运用"故事"思维的微课比较适合复杂度适中的技能与问题解决类教学内容，尤其适合中学生。

那么要如何兼顾设计与制作过程中的趣味性与知识性问题呢？以"伽利略温度计"微课为例。常规课堂偏重于温度计结构及其相关功能优势的讲解，通过反复训练强化记忆。而微课则利用自身优势，从判断发热问题入手，引导学生对几个世纪前人类对温度的判断进行思考，并了解人类是如何一步步设计出现代的温度计的。用故事体验型的思维过程去探究和解决问题，贴合学生的生活及经历，让学生产生亲近感。这就将温度计结构原理等知识点转变为解决问题的过程，化抽象为具象，也让学生感受到科学源于生活，生活中处处有知识（如图 6-1）。

图 6-1　重现伽利略对温度的思考

主线贯穿，脉络清晰，相得益彰

一个好故事，必须要有一条清晰明了的故事主线。一个优秀的故事类微课，即使中间会有几个小故事，也需要围绕一条主线进行，做到"形散而神不散"。设计和规定主线，必须紧扣所要实现的学习目标，合理筛选故事素材，设计故事情节，服务于知识的建构。

以"细胞学说的建立"微课为例。微课以细胞学说的建立和不断完善为主线，引入许多科学家的故事。在故事不断推进的过程中，让学生体会到科学家是如何发现理论中的不足，如何改进观测仪器，优化研究方法，一步步走向成功的。在整个细胞学说建立过程中，虽然涉及的人和事件非常复杂，但学生能够抓住故事发展主线，并在研究过程中建立正确的价值观和方法论（如图 6-2）。

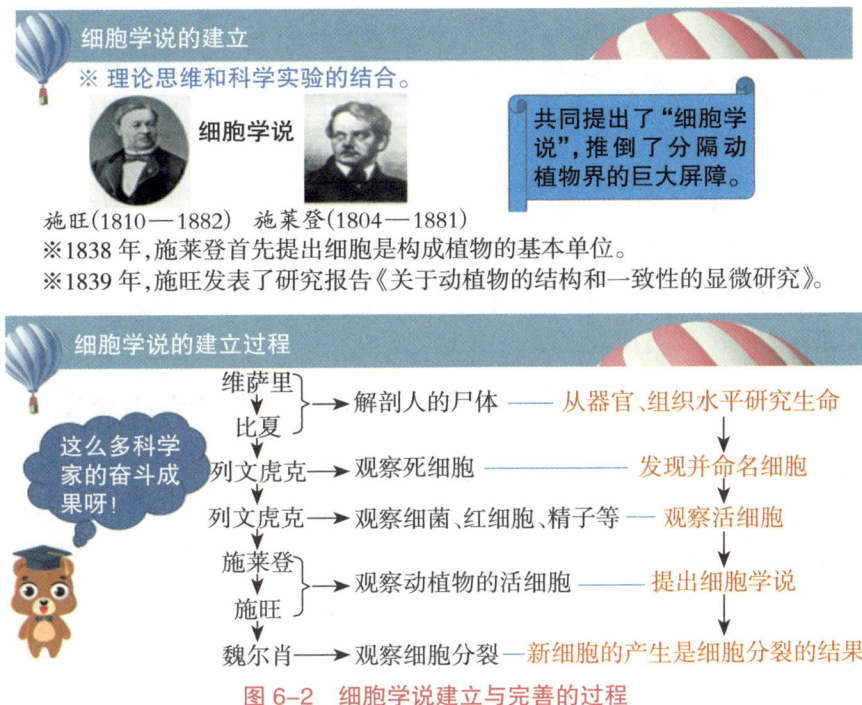

细胞学说的建立

※ 理论思维和科学实验的结合。

细胞学说

共同提出了"细胞学说"，推倒了分隔动植物界的巨大屏障。

施旺（1810—1882）　施莱登（1804—1881）
※1838 年，施莱登首先提出细胞是构成植物的基本单位。
※1839 年，施旺发表了研究报告《关于动植物的结构和一致性的显微研究》。

细胞学说的建立过程

这么多科学家的奋斗成果呀！

维萨里
比夏 ⎫→ 解剖人的尸体 —— 从器官、组织水平研究生命

列文虎克 → 观察死细胞 —————— 发现并命名细胞

列文虎克 → 观察细菌、红细胞、精子等 — 观察活细胞

施莱登
施旺 ⎫→ 观察动植物的活细胞 —————— 提出细胞学说

魏尔肖 → 观察细胞分裂 —新细胞的产生是细胞分裂的结果

图 6-2　细胞学说建立与完善的过程

发现好故事,挖掘内在吸引力;选择好故事,发挥外在影响力;讲述好故事,激活情感穿透力。故事能化解矛盾,沟通思想,这就是故事的力量。掌握"故事思维"这个有效沟通工具,是现代教育技术背景下,科学微课创新中不可或缺的基本技能。

营造氛围,引发共鸣,事半功倍

故事场景的设计可以是很灵活的,我们可以根据想讲解的知识点安排故事情节的发展。精心设计需要展示的重点故事情节,将教学内容呈现在学习者面前,是故事类微课设计的重要关注点。运用情境认知理论,结合图示、强调、对比、设问、举例等方法,依托人物对话及矛盾,使故事类微课更具曲折性和趣味性,营造氛围,引发学生共鸣,从而持久保持学习者的注意力。与此同时,利用科学史中极富营养的科学史料,更可达到良好的育人效果,这是一个潜移默化的过程。以科学史故事为主线的故事类微课,在带领学生学习知识的同时,也让学生体会到科学研究及发展过程中所要经历的种种困难和挫折,帮助学生树立正确的人生观、价值观,培养良好的科学精神。

以微课"琴纳与'牛痘'的故事"为例。微课以人类和天花的抗争史为主线,讲述人类从认识天花,到逐步消灭天花,并最终取得史诗般胜利的过程。在讲述故事的同时,依托问题链突破教学重难点;在情境烘托中,让学生体会这种由天花病毒引起的一种烈性传染病,曾经对人类造成的巨大威胁。在传递知识本身的同时,更让学生深切地体会到科学的重要作用(如图 6-3)。

图6-3 核心问题引导学习

类型：用科学史讲故事，以生活情境说故事

用科学史讲故事

故事是建立在知识基础上营造教学氛围的一种形式，也是一种引发学生关注的教学手段。然而科学课程体系中，有着许多真正意义上的"真"故事，这就是我们的科学史。

在科技发展日新月异的今天，科学已经渗透在人类生活的各个层面，我们不再对身边的科学表现出惊奇，甚至已经无动于衷，读史使人明智，我们需要回顾科学的历史。

初中科学教材中每一个科学史故事，不论作为一种文化还是作为科学研究活动的一种信念、意志品格，越来越成为初中科学微课建设中不可或缺的内容。教师利用微课，可以实现对科学史的深度挖掘、整合，拓展教学内容，及时构建并分享教学资源。

在课堂中使用科学史故事作为故事类微课的主要素材，可以丰富科学课堂的人文内涵,引起学生对科学探究过程的关注,引导他们在使用微课时,除了关注知识本身,更多地关注知识获得过程。另外,科学家对知识的探究过程大多都有从简单到复杂、从宏观到微观的共同特点,在学生还没有完全做好学习的准备时,作为一种过渡,科学史故事类微课可以让教师轻松地将学生带入课堂情境,激发学生学习兴趣,减轻教师"教"与学生"学"的负担。

【案例】七年级下册
——"牛顿第一定律——从亚里士多德到牛顿"

运用科学史故事,依托人物对话及矛盾,使微课更具曲折性和趣味性,引发学生共鸣,从而持久保持学习者的注意力。科学史极富人文内涵,更可达到良好的育人效果,在带领学生理解知识的同时,也让学生体验了科学研究及发展中所要经历的种种波折,帮助学生树立正确的人生观和价值观,培养良好的科学精神。

牛顿第一定律是建立在理想环境下的科学定律,对处在核心素养形成初期的学生来说学习难度较大。常规教学中,由于受到课堂时间和媒体技术的限制,通常首先进行相关实验操作,然后通过合理的猜想获得相关规律,最后通过习题训练巩固相关知识。如何让学生在学习科学知识的同时,体验科学规律漫长而又波折的发现过程,感受科学家们一次次探索中的失败和错误,就显得难能可贵了。

这节微课,依托物理运动规律的主线,让学生在众多科学家的努力中体会科学探究的趣味,将一个真实鲜活的探究过程展现在学生眼前。在将近 2000 年的时间里,西方世界都被以亚里士多德理论体系为基础的世界观所统治着,当然这套世界观现在被证明几乎都是错误的,那么为什么在长达将近 2000 年的时间里,没有人质疑呢? 他为何还能成为古希腊著名的哲学家、科学家和思想家,与苏格拉底、柏拉图并称为"古希腊三贤"呢? 通过微课中故事的推进,学生不仅知道了物质规律是不断完善和更新的,更体会到每一位科学家的研究都是在不断进步中积累起来的,并不能简单地用对错进行评判。学生也明白用科学的眼光来看待历史的诸多科学争论,以及要用科学的视野去探索(如图 6-4)。

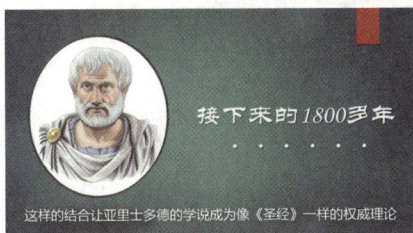

图 6-4　规律发展的主线及主要科学家的故事

以生活情境说故事

　　学习者的学习过程既是与周围环境相互作用的过程,也是在情境中因对话与互动而产生的有意义的建构与交流的过程。一般微课会因缺少面对面的直接沟通而产生互动不足、讲解性语言过多的问题,这也成为教学中知识、理念、文化和信念传递过程中迫切需要解决的重点问题。

　　随着微课类型的不断增多,对话式语言模式下的微课也出现了三种主要的类型。

戏剧融入引发兴趣

　　作为人类智慧和创作的结晶,诸多艺术形式的核心就是故事,故事渗透于每一种艺术表现形式。故事之所以能吸引人,是因为它能让人们从中看到不同的东西——情绪、心情、体验、感触等,它能让人感同身受、陶冶情操。

　　借助学生熟悉的经典故事,根据教学需求,梳理故事发展的部分情节,将课程内容与故事情节串联起来。将抽象的知识变得可视化,利用故事情节的跌宕起伏调动学生学习兴趣,以互动体验缓解脑力活动带来的疲劳感。

【案例】八年级上册——"浮力的存在和方向"

　　初中学生对浮力的认识停留在"浮"这一现象,普遍认为下沉物体不受浮力。如何帮助学生准确把握与理解浮力的概念,结合生活现象突破前概念的影响,是掌握浮力的前提。浮力的产生及方向是本节课的难点,因此我们可以将浮力相关知识与泰坦尼克号中露丝和杰克在甲板上的经典对话串联、融合起来。通过一段视频将学生带入整个故事情节,其夸张的口吻、有趣的内容,既能引起学生内心共鸣,又能巧妙关联知识内容,强化学生理解与记忆。

　　接下来通过改变露丝与杰克原有的对话内容,以"杰克,站在这儿真凉快,可是我有点儿担心,我们的船真的不会沉吗?""放心吧,我们的船受到的浮力可大了,你知道浮力的方向朝哪儿吗?"等等更加诙谐幽默的对话语言,层层深入地对浮力的多个问题进行探讨,并在其中穿插实验探究、动画演示等。借助故事明晰的主线,使整个教学过程始终能吸引学生的注意力,帮助学生真正突破浮力学习难点(如图 6-5)。

图 6-5　经典对话关联科学知识

角色代入拉近距离

拟人是指把抽象概念比作有生命的人物角色,使其具有生物的外表、思维或情感的方法。在科学教学中运用"拟人化"策略,能化枯燥为有趣、化微观为宏观、化抽象为具体。在浙教版九年级上册《科学》第2章关于置换反应的内容中,教材也是通过拟人化的动画插图对置换反应的条件进行介绍。通过运用"拟人化"策略,让学生的脑海里形成一幅与记忆内容相关的人物故事画面,不仅活跃了课堂气氛,也激发了学生的学习兴趣,更增强了记忆效果(如图6-6)。

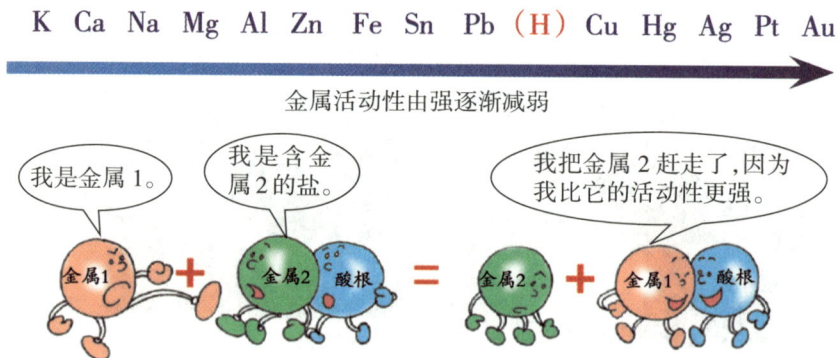

图 6-6　教材中的置换反应设计

【案例】八年级下册——"二氧化碳的性质与用途"

初中科学中的化学内容,经常涉及相关微观粒子的结构及其变化规律,学生常常觉得太过抽象,不易掌握。虽然生活中到处都有二氧化碳,但学生既看不见,也摸不着,要建立科学的概念,就有一定难度了。因此,微课的设计中我们采用符合教学内容特点,以及学生认知规律的"拟人"策略,制作"分子自述"的动画课件,并辅之以实验等手段,让学生充分挖掘自身潜能,进行合理的联想和推理。将微观粒子从抽象、微观的世界里抽离出来,演变成二氧化碳与它的兄弟姐妹们间交流对话,通过这种有趣的方式完成对二氧化碳性质及其用途的有效构建(如图6-7)。

图 6-7 二氧化碳拟人对话演绎反应实质

虚拟场景突破难点

课堂对话不仅仅是语言交换,更是彼此思维的互动激活与科学思想、情感的交融。将课堂对话迁移到微课的设计中,能克服课堂学习的心理压力,让学生在微课对话语言交流中,以自由的精神和开放的心态来倾听、欣赏和接纳信息,自由地探索真理。对话既可以是口头语言,也可以是热点词汇;对话的内容可不局限于教材和课程本身,可以与社会、生活中的新鲜事、有趣事结合,是学生科学世界与社会生活的有机融合。

【案例】七年级上册——概念建构课"温度的概念"

温度,对学生来说,仅仅知道是表示物体冷热程度的物理量。而冷热程度的概念,对学生来说是一个仅停留在背诵的层面上、既熟悉又陌生的科学概念。熟悉在于"温度"是一个生活中人人均有具体感知的概念,陌生指对于同一物体的冷热感知,不同的人有不同的感受,甚至同一个人在不同时刻、不同心境下,也会产生不同的冷热感知。因此,微课中,我们既要充分考虑并尊重学生对"温度"的前概念,又要通过讲故事的形式,引导学生体验"只凭主观感觉来判断物体温度高低的做法是不准确的,也是不可靠的",从而引发学生思考,激发学生产生认知矛盾,进而在平等、轻松的氛围中突破学习难点。

该微课以英国哲学家洛克在1690年设计的一个实验为蓝本,以"寻找冷热舒适感最佳的地方召开动物大会"为主线,娓娓道来,讲述了帮帮熊与三个小伙伴交流探讨寻找最佳城市的故事。营造了一种平等交流的氛围,同时学生的错误和教师的帮助相辅相成,层层深入,学生不仅突破了难点,而且树立了攻克知识难点的信心,将学习过程中的负能量进行了正向疏导(如图6-8)。

图6-8 营造动物交流探讨场景

【脚本】欢迎来到帮帮熊科学课堂。一年一度的动物大会马上要召开了。帮帮熊是本次活动的创办人,他正在发愁呀,要在哪里召开动物大会呢? 他想选择一个不冷不热的地方。于是他咨询了世界各地的朋友。

首先，他打电话给北冰洋的北极熊，问那边的冷热情况。北极熊很高兴地说："建议你来北冰洋，北冰洋的海水和冰山才叫舒服。"

然后，他又打电话给四川的大熊猫，大熊猫说："来四川吧，四川不冷不热，是天府之国，肯定比北冰洋舒服。"

最后，他又想起在澳大利亚的袋鼠朋友，向其询问澳大利亚现在怎么样。袋鼠骄傲地说："我们这里的热带气温才是最适合生存的。"

帮帮熊难以抉择了！朋友们都说自己的家乡好，究竟哪里才是最舒适的？于是帮帮熊决定亲自去考察一下这三个地方。

案例："细胞学说""液体压强的计算"

【案例】七年级上册——"细胞学说"

精心设计教学方法和活动，将教学内容呈现在学习者面前，是故事类微课设计的主要关注点。运用情境认知理论，结合图示、强调、对比、设问、举例等方法，设计人物对话、人物之间发生矛盾等活动，使故事类微课更具曲折性和趣味性，可以持久保持学习者的注意力。

在细胞学说的课程设计中，传统课堂往往割裂了科学史与科学知识之间的紧密关系，将教学内容分割成两个独立板块开展教学。如果能利用科学史中的矛盾、探索、机遇、挑战，将教学内容转换为学生喜欢的探索故事，使得知识在故事的发展中，逐渐展现在学生眼前，那么学生感受到的就不仅仅是细胞学说本身，更是一位位科学家在探索与发现中展现的科学方法。

如图6-9所示是课程设计就改进前后的变化。

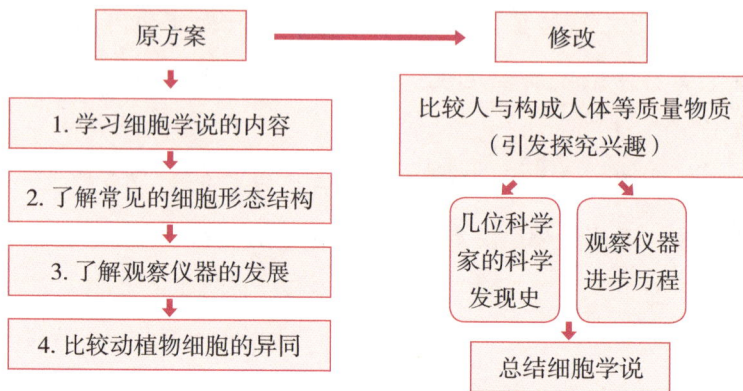

图6-9　课程设计改进前后的变化

第一步：创设情境，引发思考

【脚本1】生命是什么，从何而来？这个问题迷惑了人类数千年，只是在最近两个世纪，我们才发现生命的秘密。以我们为例，我究竟是如何活着的？

我可以向你展示构成一个普通人体的化学成分(如图6-10)。

12千克的碳，一点氮，37.8千克水，足以做1500根火柴的磷，一枚小铁钉的铁，还需要另外20种元素。

从化学成分上来说，我们是一样的，但是从生物学来说，我们又是如此不同。

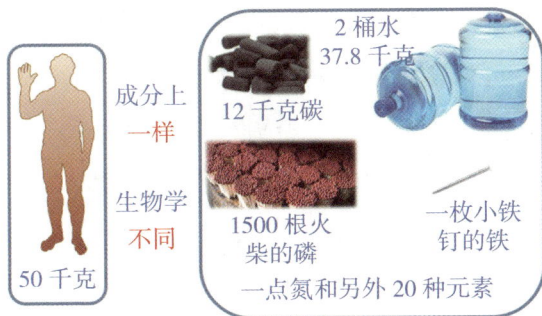

图 6-10　化学成分对比

第二步：引出主题，提出设问

【脚本 2】很明显，我是活的，区别是这些完全相同的化学物质的有机组合形成了细胞。6 万亿个微小、复杂的结构组成了我们的身体。

简单地说，我们就是一堆细胞！

每一次呼吸、运动、思考都是细胞在为我们工作，和所有的生物学家一样，我们对它们了解得越多，迷惑也越多。从细菌到人类，所有生物都是（如图 6-11）。

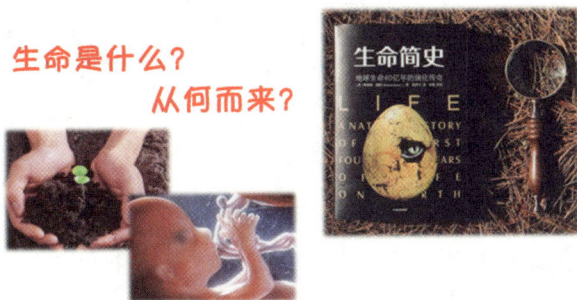

图 6-11　引发关于生命的思考

第三步：展开细胞的故事之旅

【脚本 3】历史上，我们对细胞的了解，曾经又是如此之少。这是一次奇妙的旅行，是一个个科学家带我们深入一个魔幻般的未知世界——关于细胞的故事，是科学史上最有影响的故事。

这个故事开始于 1664 年，一个叫列文虎克的亚麻布商，用放大镜检查布匹。列文虎克对镜片着了迷，类似于镜片极客。他成了当时最好的磨镜师，使镜片曲率足够大的唯一方法就是把它磨小，这就是列文虎克的秘密。

这需要极高的技巧和耐心，列文虎克制作了令人震惊的 247 台显微镜，每月两台，持续了 50 年。

列文虎克喜不自禁，写道："对我来说，我发现了自然界最惊奇的一面。从没见过更令人兴奋的事，在一滴水里有如此众多、壮观的生物，在彼此之间游来游去(如图 6-12)。"

列文虎克

"对我来说，我发现了自然界最惊奇的一面。从没见过更令人兴奋的事，在一滴水里有如此众多、壮观的生物，在彼此之间游来游去。"

图 6-12 列文虎克的观察

这是一场科学革命的开端，他看到了新形态的生命。而当时列文虎克用来描述显微镜下软木塞结构的词，在科学史上树立了一座里程碑，他创造了这个新词"细胞"。

尔后科学家开展的工作主要集中在探讨"细胞里有什么"的问题上。一位苏格兰植物学家罗伯特·布朗决定窥视植物细胞核心。布朗曾是一艘到澳洲探险船上的博物学家。于 1805 年返回英国时带回 3000 件异国标本,他耗费数年研究这些收藏。兰花对他来说真是一个幸运的选择,因为它的细胞比其他植物的都要大。如果不是这样,布朗可能就不会取得那些发现了。布朗注意到每个细胞内都有个模糊的影子,这是科学史上的一个转折点,他称之为细胞核(如图 6-13)。

图 6-13　罗伯特·布朗发现了细胞核

很明显他不能像我们现在这样去理解细胞核的功能,但是难能可贵的是他认为每个细胞中都有细胞核。因此他观察了一种又一种的植物,在 1831 年他证明了每个细胞中都有一个细胞核。

生物学要想有进一步的发展,科学家必须建造更强大的显微镜,但是技术的进步陷入了僵局。

第四步：提出学说，呼应课题

【脚本 4】现在生物学家们拥有这样的工具,其可以使他们更加深入细胞的内部世界,但是人类还缺少一位有想象力的科学家来揭示细胞的本质。

在柏林,两位年轻、有抱负的人将要打破僵局,生物学的两个分支——动物学和植物学,将要融合。然而,施旺与施莱登的会面却是个收获真理的时刻。

目前,他们都不知道对方的研究,但是两位科学家不约而同地都描述了细胞。这是一个典型的植物细胞,有一个清晰的细胞壁和一个细胞核。这是一个典型的动物细胞,有一个模糊的界限,不太容易分辨出,但是同样有个细胞膜,也只有一个细胞核。对两者的比较,科学家们明白了,他们看到的东西在本质上是相同的,都是细胞(如图6-14)。

动物和植物都是由相同的基本单位——细胞构成。

细胞壁
细胞核
细胞膜
细胞核
施旺
施莱登

图6-14 施莱登和施旺建立的学说

他们看到的一切都是由细胞构成的:施莱登的开花植物和草,施旺的青蛙和其他动物样本。现在他们意识到:细胞与生命同在,动物和植物都是由相同的基本单位——细胞构成的(如图6-15)。

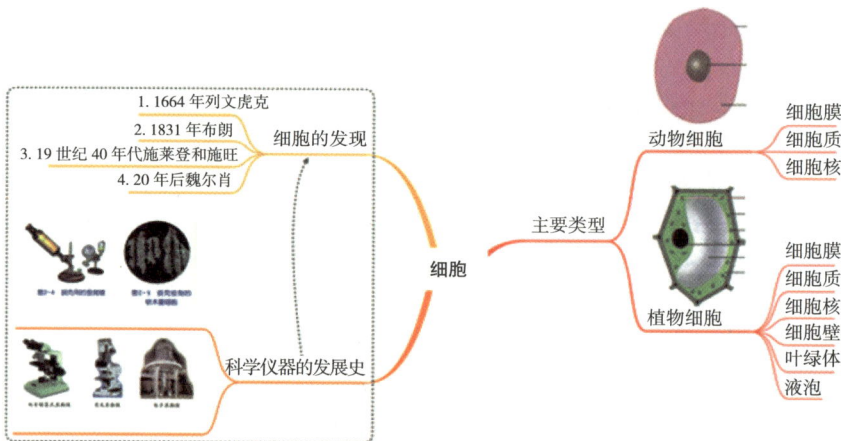

1. 1664年列文虎克
2. 1831年布朗
3. 19世纪40年代施莱登和施旺
4. 20年后魏尔肖
细胞的发现

科学仪器的发展史

细胞

主要类型

动物细胞
细胞膜
细胞质
细胞核

植物细胞
细胞膜
细胞质
细胞核
细胞壁
叶绿体
液泡

图6-15 动物和植物都是细胞构成的

【案例】七年级下册——"液体压强的计算"

精心设计教学方法和活动,将教学内容呈现在学习者面前,是故事类微课设计的重要关注点。运用情境认知理论,结合图示、强调、对比、设问、举例等方法,设计人物对话、人物之间发生矛盾等活动,使故事类微课更具曲折性和趣味性,可以持久保持学习者的注意力。

在液体压强的公式的课程设计中,如何从传统的表达方式,转换为学生喜欢的,使得知识内容不再单一和枯燥是这节课成功的关键。只有更为贴近生活、更加具有实用价值的学习,才是学生学习动力的源泉。

如图6-16所示是课程设计改进前后的变化。

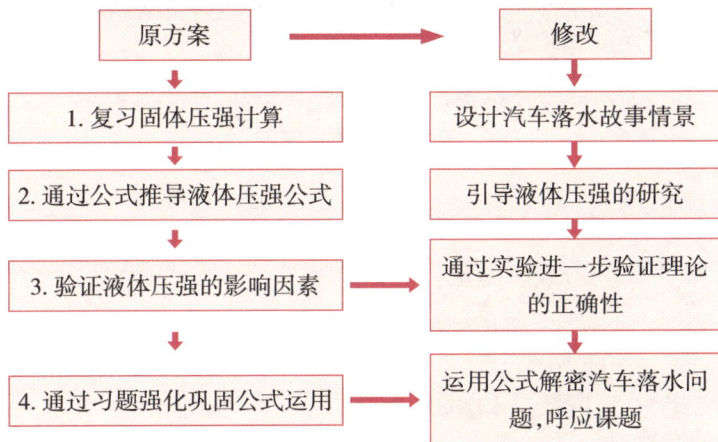

原方案 → 修改

原方案	修改
1.复习固体压强计算	设计汽车落水故事情景
2.通过公式推导液体压强公式	引导液体压强的研究
3.验证液体压强的影响因素	通过实验进一步验证理论的正确性
4.通过习题强化巩固公式运用	运用公式解密汽车落水问题,呼应课题

图6-16 课程设计改进前后的变化

第一步：情景引入

生活中有许多的现象与液体压强有着很大的联系，在中学生安全教育中，经常有关于汽车落水等相关的教育资源，学生对此有初步的印象，但是大部分学生并不知道其实这就是液体压强的问题。于是，在这个微课设计的过程中，我们以著名的探险家和主持人贝尔·格里尔斯的故事为主线，让学生跟着贝爷的脚步探索与发现生活中这种汽车落水自救问题。视频中学生跟随喜爱的贝爷形象，以参与者的角度体验了整个活动，激活了学生探究的积极性。通过视频体验贝爷对危机事件的处理，学生受到更好的教育（如图6-17）。

图6-17　汽车落水

【脚本1】"救命！"

贝爷："每一秒钟的流逝都意味着这些人离溺水死亡又近了一步。"

贝爷："好了，帮我一起把门弄开。"

贝爷："门卡住了，水压又很大，我们得想办法进去，怎么办？"……

第二步：情景梳理和重现

我们通过学生熟悉的动画和卡通形象，对视频中的事件进行简单的梳理，让学生学会如何正确处理汽车落水问题，也引发学生进一步思考：为什么一定要砸破玻璃？难道不能直接打开车门吗？如果我们力气很大,是不是还是有希望打开车门的? 这些问题的产生,无不对学生的学习产生积极的促进作用。学生对问题解决的渴望,是他们能集中精神解决问题的关键(如图 6-18)。

图 6-18　汽车落水后如何开车门

【脚本 2】学生:"汽车落水后为何很难打开车门?"

贝爷:"是不是我的力气太小了,两个人来拉会不会好一点?"

学生:"打开门究竟需要多大的力气呢?"……

第三步:展开课程重难点

当学生的兴趣被激发、探究的热情被点燃时,合理地呈现这节课所要真正解决的重难点,解决问题的效率就变得更高了。在微课中,我们从简单的固体压强出发,由简及复杂,步步推进。最后利用实验对理论推导的公式和规律进行验证,强化学生的感性认知,明确影响液体压强大小的真正因素(如图 6-19)。

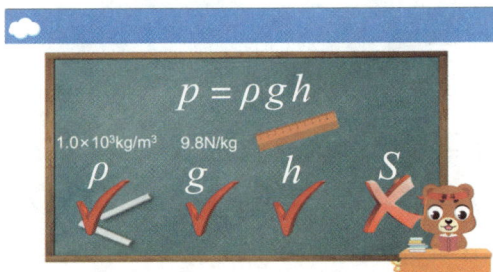

图 6-19　明确影响液体压强大小的真正因素

【脚本3】学生："我们已经学习了液体的压强的知识,让我来粗略地计算下吧!"

贝爷："那太好了,看看有没有拉开车门的希望?"……

第四步:围绕主线,呼应课题

当学生收获一个知识规律时,我们一定要让他们体会公式的重要性及其价值,帮助学生利用推导的结论解决课前的疑难问题势必成为最有效的微课教学方式。通过简单的计算直观地告诉学生,水所产生的压力是多么大,并且通过形象的比喻让学生深切地体会到底大到什么程度。学生在学到技能的同时,培养了逻辑推导能力,也通过数字形象化的体会对所学知识进行强化,并在解决问题的喜悦中收获了满足感和自信心(如图 6-20)。

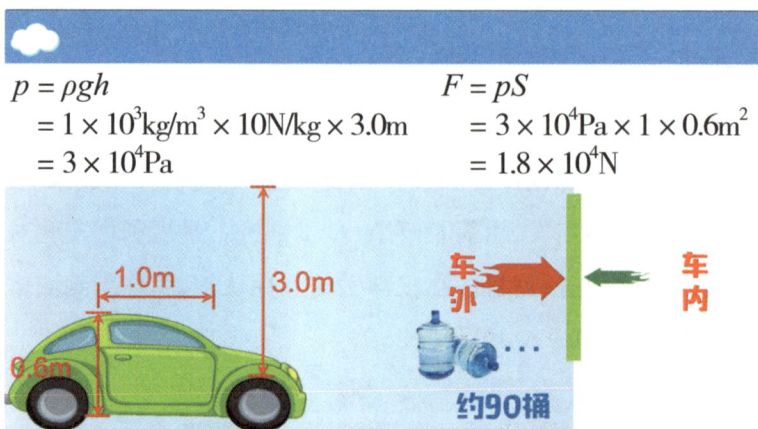

$$p = \rho g h$$
$$= 1 \times 10^3 \text{kg/m}^3 \times 10\text{N/kg} \times 3.0\text{m}$$
$$= 3 \times 10^4 \text{Pa}$$

$$F = pS$$
$$= 3 \times 10^4 \text{Pa} \times 1 \times 0.6\text{m}^2$$
$$= 1.8 \times 10^4 \text{N}$$

1.0m 3.0m

0.6m

车外 车内

约90桶

图 6-20 通过浮力公式进行计算

【脚本4】学生："通过近似计算,看起来需要的力也太大了吧!"

学生："贝爷,拉开车门肯定是没有希望的,外面的水压太大了!"

贝爷："那有什么其他办法吗?要么减小外面水压,要么里面也有水压。"

学生："那是不是砸开车窗,让水流进去就可以了?"

贝爷："好主意,马上就敲碎车窗,你提醒他们小心玻璃!"

学生："好的!"

"啪!"……

第五步:简单总结,梳理结构

一个原理的获得,对学生来说不能只是会代入数据进行简单计算,如何将学到的内容放到大脑已有知识的结构中,建立知识点间的联系,了解规律的适用范围显得尤为重要(如图 6-21)。

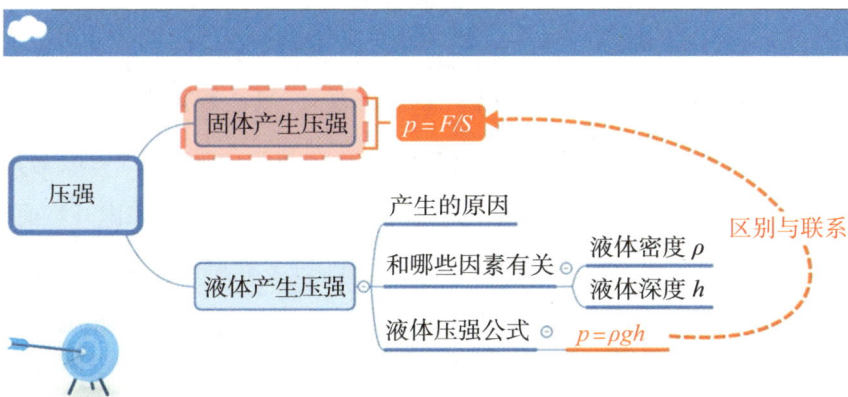

图 6-21　总结

第七章

微课制作技术

    微课的应用,是多种技术服务于教学的体现,是信息技术和教育的深度融合。教师利用信息化手段制作微课,并在教学中使用,既可以为其课堂锦上添花,也可以作为课后的延伸,让学生巩固所学的知识。然而,要想制作出一节生动的微课并不容易:首先,许多教师做微课都是走一步看一步,缺乏完整的计划,即使好不容易做出一节微课,也已精疲力竭;其次,科学微课中包含大量的文字、声音、图像、动画、视频等多媒体素材,教师们往往因苦于找不到满意的素材而妥协于低质量;最后,面对形形色色的软件,教师们都不知选什么软件好,选好了又不知如何使用,想学但又觉得时间成本太大。所以要想制作出一节高质量的微课,除了需要有新颖的想法,还要积累寻找素材的途径以及学习必要的技术手段。本章中我们就以浙教版八年级下册《科学》教材第 1 章第 4 节"电动机"一课为例,来探讨制作微课的基本流程以及必要的技术手段。

    制作微课的基本流程可以总结为图 7–1。

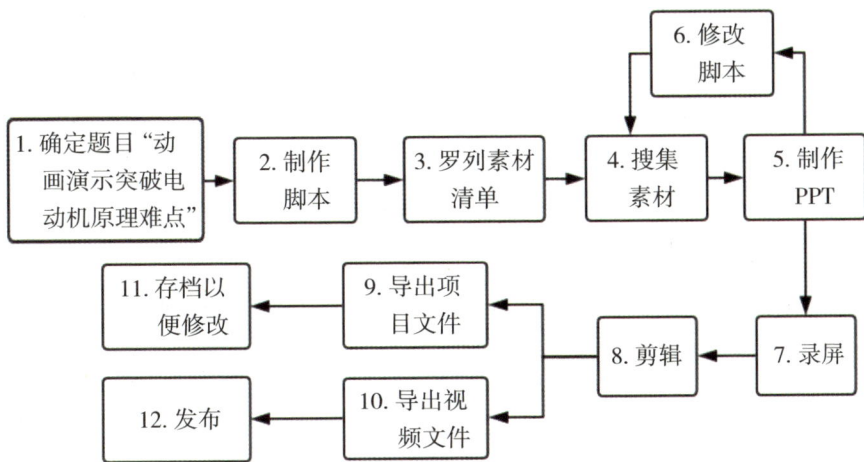

图 7-1　微课制作基本流程图

选好内容，给微课起个名字

如何选内容

　　并不是所有的内容都适合做微课，能够被制成微课的内容通常满足下面三个条件：小、巧、精。"小"是指知识主题小，一个微课只讲一两个特定的知识点或问题，5—10 分钟就能将其讲清楚。如果牵涉到其他知识点，则另设微课。"巧"是指所选题材是教学中的重难点。微课是为了解决学生学习中存在的问题，所以在选题上要尽量挑选学生平时学习中容易混淆、出错的内容进行制作。如力学中"平衡力和相互作用力"的辨析、化学中"碱溶液和碱性溶液"的区分。针对以上知识点，微课可以成为解决重难点的有力武器。"精"是指微课的课题应当是精选的，尽量选择适合用视频呈现的内容。如在制作"面包是怎样发酵的"微课中，教师口述或使用图片都不能直观表达制作过程，而将其制作成动态演示就成了必然手段。

如何起名字

微课的名字要内涵大外延小，起到望文生义的效果。就像一篇作文的题目，命名要做到主题鲜明、指向具体，让学生看到题目，一眼就能确定它是否是自己需要的。一般微课的命名方式可以分为两类：一类是使用所学内容小节的名字，如"1.4 电动机"，这类题目虽简单直白，但缺少点趣味，同时因为一节微课通常只针对一类知识点，题目范围未免太大；另一类是结合使用片段内容的主题词，比如"动画演示突破电动机原理难点"，这类题目不仅从名字就可看出其具体内容，而且说明了微课呈现的方式，更有吸引力。

编写脚本

千万不要小看脚本！

微课也是课，也需要"教学设计"，我们把微课的"教学设计"称为"脚本"。注意，我们在决定制作微课时想的第一件事，不应该是画面如何呈现，而应是对所讲授的内容如何进行设计，以帮助我们理清教学内容的逻辑关系，把问题讲得清楚且生动有趣。有的教师会说："画面特别重要啊！我觉得只要用了 3D 效果、MG 动画，微课就很容易吸引观众，我就苦于做不出那些酷炫的动画效果。"事实真是如此吗？举个简单的例子：如图 7-2 所示是两部电影的对比：耗资 7.5 亿元，会集李连杰、范冰冰、梁家辉等明星大腕儿的电影《封神传奇》最后以豆瓣评分 2.9 分的结局惨淡收场；而 1994 年的老电影《肖申克的救赎》，并没有让观众看到什么特效与酷炫的画面，却受到观众极高的评价（豆瓣评分 9.7 分）。

图 7-2　优秀的脚本设计更重要

著名的翻转课堂开创者萨尔曼·可汗，同样也是以极富逻辑的思路而非酷炫的画面吸引了大量的学习者。

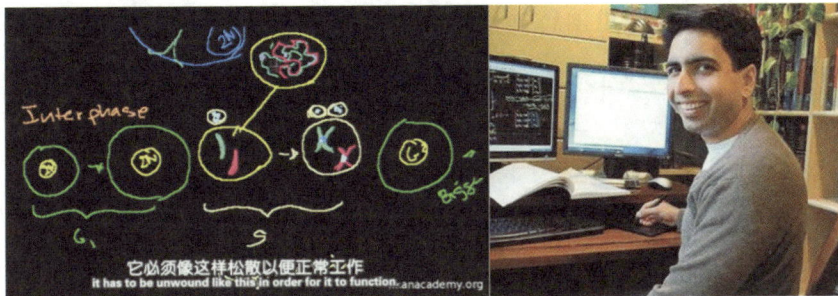

图 7-3　翻转课堂和萨尔曼·可汗

做好一张"思维导图"是个不错的开头

制作脚本前，我们先理清要讲解的知识点，建议列出提纲或是思维导图，帮助理清思路。如"电动机"一节内容的思维导图如图 7-4 所示。

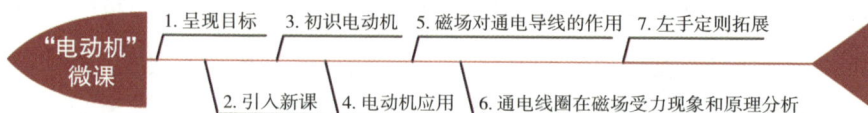

图 7-4 "电动机"微课脚本思维导图

这里介绍两款思维导图软件,即百度脑图和 Xmind 应用(如图 7-5),两款软件各有特色,百度直接搜索便能找到官方网站。

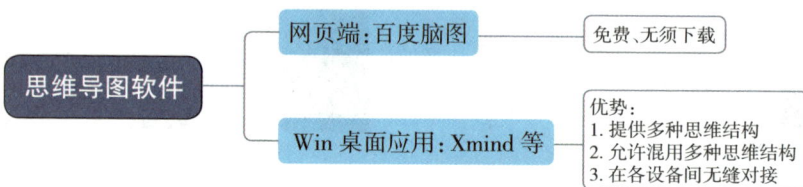

图 7-5 思维导图软件

高效的文字输入

脚本含有大量纯原创的文字,而文字录入大家都非常熟悉,这里没必要多讲,但是为了更加高效地录入,建议采用"键盘输入"、光学字符识别和"语音输入"相结合的形式进行。可使用的文字输入软件如图 7-6 所示。

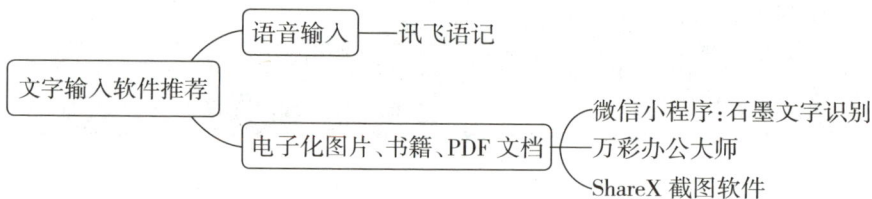

图 7-6 文字输入软件推荐

(1)善用语音识别。"讯飞语记"有着号称全球尖端语音技术,识别率高达 98%,一边说话一边就可将语音转变为文字(如图 7-7),速度快,效率高。而且它既有电脑版本,也有手机 APP,用户体验很好,推荐给大家。

图 7-7　讯飞语记捕捉声音转换成文字

(2)光学字符识别(OCR)。写脚本经常要参考一些文献和书籍,当你需要摘录其中的文字时,依靠人工输入效率是很低的,可以采用文字识别软件进行识别。这里介绍一款简单的小程序:石墨文字识别,简单易用,无须安装(如图 7-8),转化好后通过微信转发到电脑即可进行编辑。除了石墨文字识别,还有万彩办公大师、ShareX 截图软件等可以实现 PDF 文档、图片转文字的功能。利用 ShareX 软件截图并进行 OCR 识别,如图 7-9 所示。OCR 识别结果,如图 7-10 所示。

图 7-8　石墨文字识别软件识别图片中的文字和万彩办公大师界面

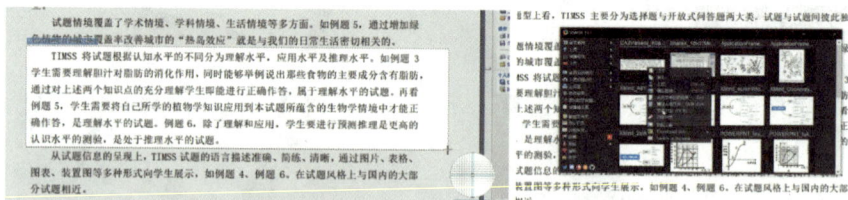

图 7-9　利用 ShareX 软件截图并进行 OCR 识别

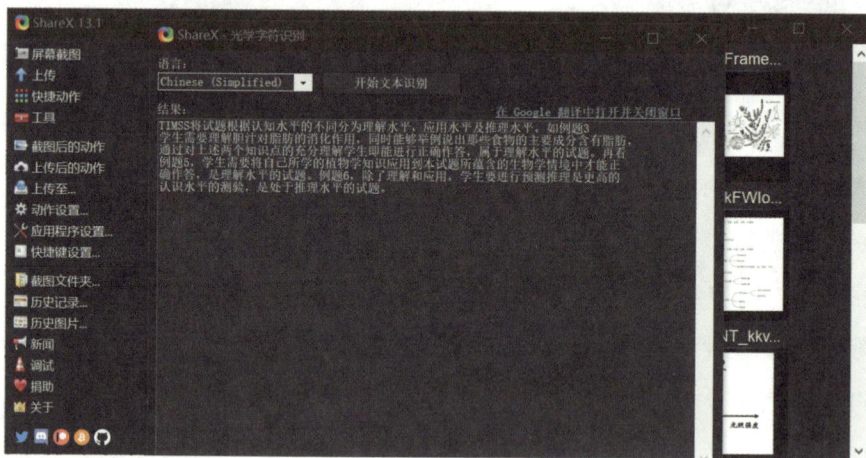

图 7-10　OCR 识别结果

　　另外，如何运用文字来高效传递教学知识也是需要我们深思的一块内容。设计 PPT 时，屏幕上的文字要像课堂上的板书一样做到言简意赅，准确表达教学信息，切忌满屏都是文字。布局方面可从文字大小、色彩、位置等去考虑，让文字成为屏幕焦点。当屏幕信息较多时要注意停留的时间稍长一点，让阅读速度慢的同学也能跟上节奏。

罗列素材清单

　　微课从教与学角度来看就是微课堂,仅通过视频的形式来展现教学内容,因此教学内容可视化是微课设计的重要目标。一节微课往往包含大量的素材,此时列一个素材清单可以让我们寻找素材时做到心中有数、有条不紊。打个比方:如果把做微课比作做一次大餐的话,那脚本就是"菜谱",素材就是"食材",食材种类很多,去菜市场买菜之前最好列一个"购菜清单",它可以防止我们漏买东西。那在做微课过程中,素材清单就是"购菜清单"。当然,有时候并不知道什么素材比较适合所讲授的内容,这就需要我们平时进行素材的积累,建立自己的素材资源库。

　　做微课常见的素材有文本、图形、图像、声音、动画和视频 6 种基本类型,我们可以通过表格的方式列出微课每个环节所需的素材,如表 7-1 所示为"电动机"微课中所需要的素材清单。

表 7-1　"电动机"微课素材清单

环节	文本	图形、图像	声音	动画、视频	备注
学习目标	脚本	箭头图标	背景音乐		
引入新课	脚本			玩具风扇、洗衣机广告	
初识电动机	脚本	直流电动机外观图片 电动机内部工作原理 gif 图片	背景音乐		
电动机在生活中应用	脚本	无人机 gif 图片 电瓶车 gif 图片 扫地机器人 gif 图片	背景音乐		

续表

环节	文本	图形、图像	声音	动画、视频	备注
磁场对通电导线的作用	脚本	不同形状的磁体，小磁针，奥斯特画像，奥斯特实验原理图，简易电磁铁	背景音乐	通电直导线在磁场中受力实验	
通电线圈在磁场中受力现象和原理分析	脚本	无换向器的通电线圈，在磁场中转动		无换向器的通电线圈在磁场中转动	
左手定则拓展	脚本			左手定则	

搜集、整理素材

罗列完素材清单，接下来就要搜集这些素材。目前网上有现成的大量素材，在尊重版权的基础上，我们可以直接免费下载使用或得到授权后再使用，这种方式最省时省力。可是有些冷门的素材在网络上找不到，或者不够清晰，此时我们只能自己制作，这就需要学会一些工具的使用方法。下面我们就各类素材的搜集整理做简要说明。具体的工具介绍、使用方法和小技巧可以查看本章后面的内容。

图像、图形的搜集和整理

图形、图像作为微课重要的内容形式之一，相比于文字包含的信息更加直观，它是决定一节微课效果的关键因素。科学学科本身的特点决定了科学微课需要使用大量直观的图形、图像素材来呈现丰富的过程和细节,那么从哪里获取这些素材呢? 常见图形、图片搜集途径如图7-11所示。具体的技巧请翻阅本章后面的内容。

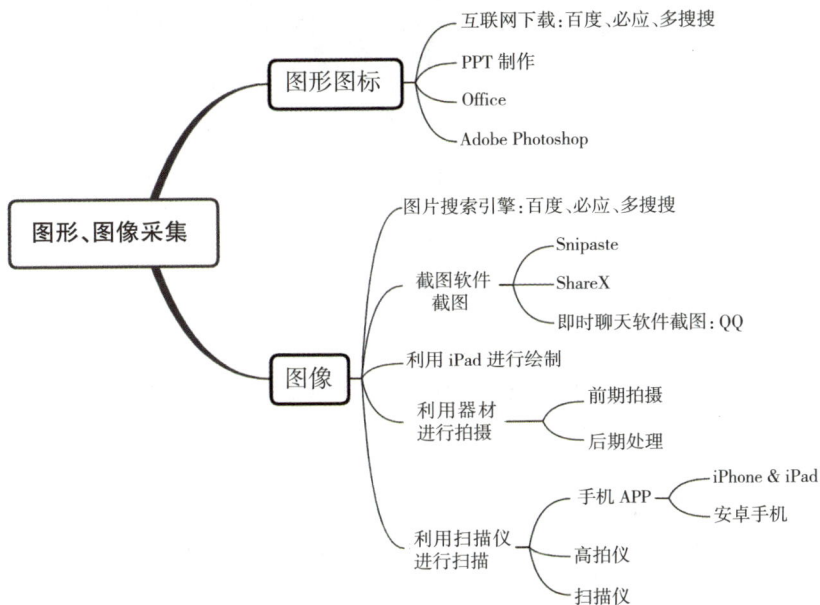

图 7-11　图形、图片采集的常见途径

　　图像又称位图,是通过扫描仪和照相机等输入设备捕捉实际的画面而形成的数字图像。数字图像是由像素点阵构成的,如果将其放大到一定程度,就会出现马赛克效果。我们通常通过互联网获取图像,下载的时候要注意版权问题。图 7-12 是从网络上搜索到的植物(莼菜)素描图及实物图像。

图 7-12　从网络上搜索到的植物(莼菜)素描图及实物图像

图形是指由外部轮廓线条构成的矢量图,是用计算机技术绘制的直线、圆、矩形、曲线以及图表等。其基本单元是锚点和路径。不论放大多少倍,图形的边缘都是平滑的,不会影响图像的输出质量;对其任意缩放,效果一样清晰。图 7-13 是利用 PPT 制作的坐标图形。

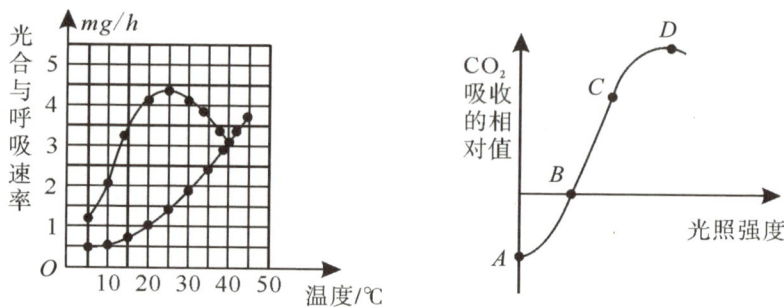

图 7-13 利用 PPT 制作的坐标图形

声音的搜集和整理

微课中的声音一般包含旁白声音、素材声音、背景音乐三类。素材声音和背景音乐可以从网络上获取。旁白声音可以一边录屏,一边利用电脑或手机的麦克风录入。如图 7-14 所示便是利用手机录入声音,录好的声音可通过数据线或微信分享的方式传到电脑。

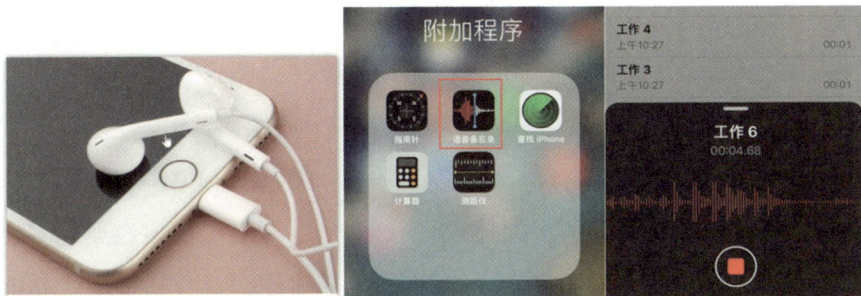

图 7-14 利用手机或电脑麦克风录入声音素材

制作 PPT,修改脚本

在微课中使用课件能让教师的教和学生的学达到事半功倍的效果。因此,在设计每一节微课时,务必重视课件的制作。但在 PPT 制作过程中,许多教师都会出现教学素材类型单一、突破重难点的媒体素材少等问题。例如有的微课 PPT 满屏都是文字和图片,出现的动画设计又单一,这样的微课很难调动学生兴趣,且易导致学生感官疲劳。下面我们结合多媒体教学理论谈谈多媒体课件设计。

教师应当合理规划好教学内容媒体素材可视化呈现方式。根据搜集到的素材修改脚本,并完善教学课件。当文字信息过多时,可以整理成表格、框图,也可以把文字内容以图形、图像、声音、动画、视频等形式进行替代,避免单调的文字呈现,让画面更加生动。其他类的媒体素材也一样,如果图片过多,可制成图片配乐式的视频,让学生感受更深。另外,动画设计一定要真实、生动、鲜明,交替使用不同的方式会增加微课的美感,但一定要注意不能过多地使用特技切换,否则会分散学习者的注意力,原则是宁缺勿滥。同时,在设计时要注意图形、图像的大小、颜色与布局,力求设计出视觉中心明显、观看悦目的画面。

传言"PPT=Adobe 全套",虽有些夸张,但也反映出 PPT 功能的强大。Adobe 是一家非常著名的多媒体设计软件公司,开发了许多经典的多媒体设计软件,例如大家耳熟能详的 Photoshop 软件。专业软件虽然功能强,但是门槛高,需要使用者花费大量的时间学习、练习。作为与我们接触最频繁的软件之一,PPT 有时可以部分替代 Photoshop,只需借助几款插件,就可以达到满意的效果。当然如果要深入学习,建议大家专门去查阅 PPT 课件制作的相关书籍和教程。这里介绍几款 PPT 制作插件(如图 7-15),使用它们,只需几步,便能制作出超乎想象的效果。

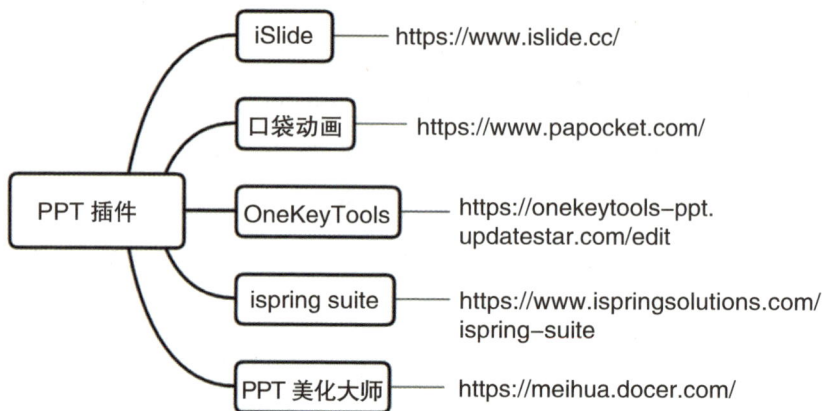

图 7-15　PPT 制作插件介绍

录屏、剪辑与生成

Camtasia Studio 9.0 软件是一款制作微课常用的录屏和视频后期制作软件,本块内容主要向大家介绍 Camtasia Studio 9.0(以下简称"CS")软件的应用。相信我们,只要你学习,不出 30 分钟你就会自己录制一节基础的微课;只要你坚持学习,不出 3 天,你将会是一位微课制作和视频剪辑方面的小能手。

接下来,我们从打开 CS 软件开始,一步步和大家分享一堂简单微课的录制和剪辑过程。先通过一张流程图大致了解一下整个过程(如图 7-16)。

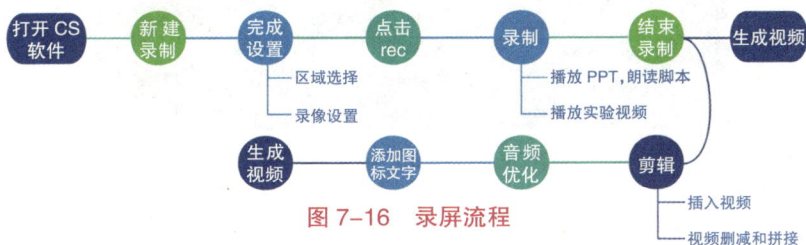

图 7-16 录屏流程

打开 CS 软件

打开 Camtasia Studio 9.0 软件会出现以下界面(如图 7-17)。

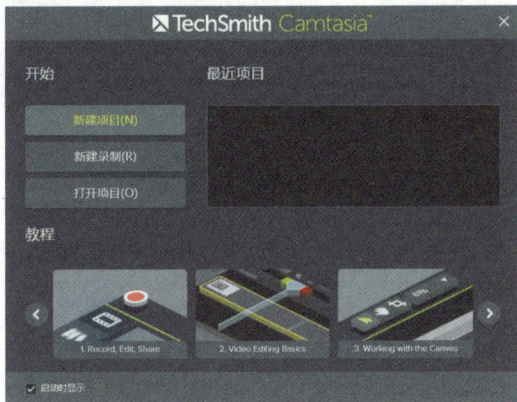

图 7-17 Camtasia Studio 9.0 界面

新建录制

(1)用鼠标左键点击图 7-18 中箭头所指的"新建录制"按钮。

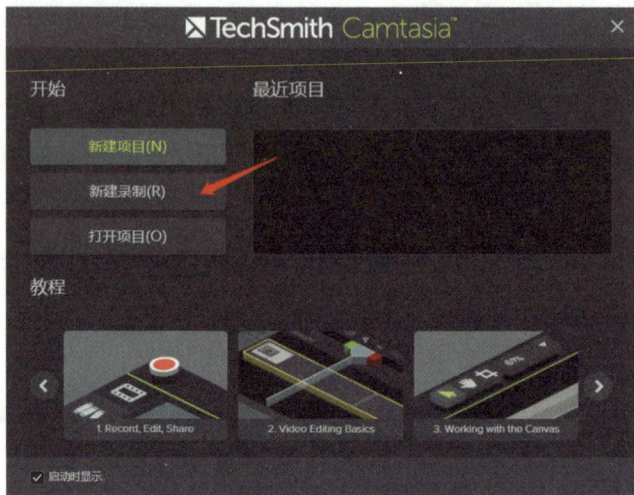

图 7-18　点击"新建录制"按钮

(2)点击"新建录制"按钮后会出现以下界面(如图 7-19)。

图 7-19　点击"新建录制"按钮后会出现的界面

完成设置

(1)选择区域。

在如图 7-20 所示的红色方框中,我们可以选择区域全屏或自定义(选择合适的尺寸或者框选录制屏幕的范围),建议初学者选择全屏录制。

图 7-20　选择区域

（2）录像设置。

在如图 7-21 所示的红色方框中，我们可以完成摄像头设置和音频设置。

图 7-21　录像设置

①摄像头开关设置。

如图 7-22 所示，需要使用摄像头功能时可以打开摄像头。由于摄像头打开后会遮挡 PPT 等软件播放时的一部分内容，所以在没有特别要求的情况下，不推荐打开摄像头功能。

图 7-22　摄像头开关设置

②音频设置。

点击麦克风边上的箭头可以选择录制声音的来源（如图 7-23）。

图 7-23　音频设置

比如,你可以选择不录制系统的声音,只需将"录制系统音频"之前的钩去掉就可以,这样在录制微课过程中系统出现的声音将不会被录入视频中(如图 7-24)。

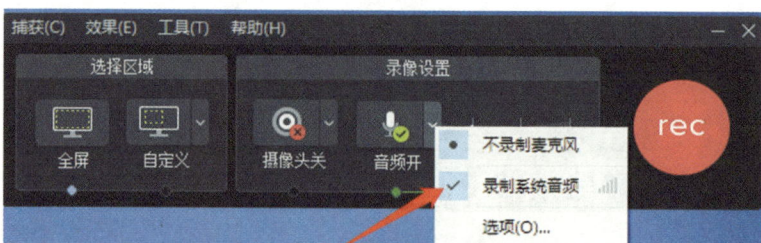

图 7-24　去掉录制系统音频选项

当然,你也可以选择"不录制麦克风"的声音,如图 7-25 所示。

图 7-25　选择"不录制麦克风"的声音

我们可以通过事先准备的录音笔来录制声音。很多笔记本电脑自带的麦克风或者外接的麦克风由于硬件自身问题,录制的声音可能带有比较大的电流音,而用录音笔可以很好地解决这个问题。

点击 "rec" 按钮

当一切设置完成后，我们就可以点击 "rec" 按钮进行录制了（如图 7-26）。

图 7-26　点击 "rec" 按钮

我们也可以按 F9 键开始录制，当屏幕中间的倒计时结束后（如图 7-27），我们的录屏就正式开始了。

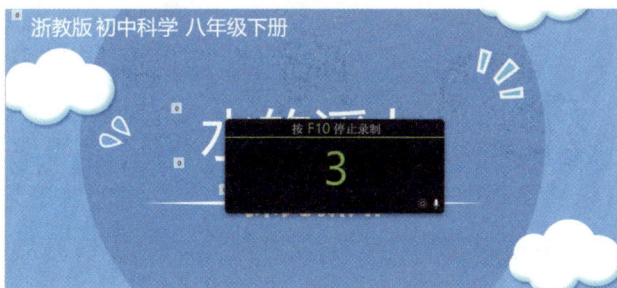

图 7-27　按 F9 键开始录制

录制

（1）播放 PPT，朗读脚本。

倒计时结束后，我们可以不慌不忙地打开我们事先做好的 PPT，拿出我们准备好的脚本开始录制。这里我们不需要担心倒计时结束后，会录制进一些我们不需要的画面，因为后期可以通过剪辑把这些多余的画面去掉，所以我们可以慢慢来，不用着急地在倒计时结束前打开 PPT 以及在倒计时结束后马上开始录制。

开始录制之后 CS 软件就好像"消失"了一样,不用去找它,它正在后台努力地工作着。这时候我们只需要按照我们之前设定好的脚本开始我们的微课录制就可以了。比如:按照脚本的设定,我们现在开始朗读本课学习目标,我们只需像平时一样播放 PPT,一边朗读脚本内容,一边用鼠标点击播放 PPT 即可(如图 7-28)。

学习目标

1 认识磁场对电流有力的作用。

2 认识通电导体在磁场中受力方向与磁场方向、电流方向有关。

3 知道矩形线圈在磁场中的转动情况。

图 7-28 用鼠标点击播放 PPT

这时 CS 软件就能录下你的屏幕上显示的过程和声音。如果这个时候读错了内容或者 PPT 翻页出错,请不用着急,因为后期我们通过使用剪辑功能,只需要不到 5 秒的时间,就可以将你讲错的内容或者 PPT 翻错页的过程去除。

这里也给大家一些建议,如果出现错误,请停顿几秒(停顿几秒的目的是方便后期的剪辑),之后把你刚才读错的内容配合 PPT 重新读一遍,然后录制接下去的内容。

(2)播放实验视频。

很多时候大家会发现,有些非常优秀的实验视频虽然是免费共享的,但是无法从一些门户网站上下载并插入你的 PPT 中,那么我们可以在录制过程中,保持 CS 继续录制,PPT 的播放切换到你需要的网页(你可以先关了 PPT 再打开网页,也可以按"ALT+TAB"键切换)。这个时候你不用担心你切换的过程也会被录制进你的微课,因为后期我们可以通过一个不到 5 秒的操作,将这些不需要的过程剪辑掉,非常简单。切换到你需要播放的视频后,你只需安静地等待视频播放完毕就可以。如果对第一次播放不满意,还可以多次播放。

小提示:①如果通过这种方法插入视频而且需要视频播放时候的声音,则在开始录制的时候记得打开"录制系统音频"。②当我们打开视频网页后,记得先按空格键暂停,选择全屏后再按空格键开始播放,这样后期做出的效果相对比较好。(大部分视频网站的视频播放时可以按方向键"←"和"→"前进和后退,而不需要用鼠标点击,这样可以使录制的视频更加美观)

生成视频

录制结束后,按 F10 键就可以停止录制,此时画面就会自动跳转到 CS 软件的剪辑页面(如图 7-29)。到这里,我们的录屏就大功告成了。

图 7-29 跳转到 CS 软件的剪辑页面

如果录制效果很好,不需要进行后期的剪辑处理,那么我们就可以直接生成视频了。可通过点击"分享"按钮来生成我们的微课视频(如图7-30)。

图7-30　生成微课视频

点击"分享"后选择本地文件(如图7-31)。

图7-31　点击"分享"后选择本地文件

选择自定义设置中合适的清晰度(一般推荐选择仅 MP4 最大1080P),点击"下一步"按钮(如图7-32)。

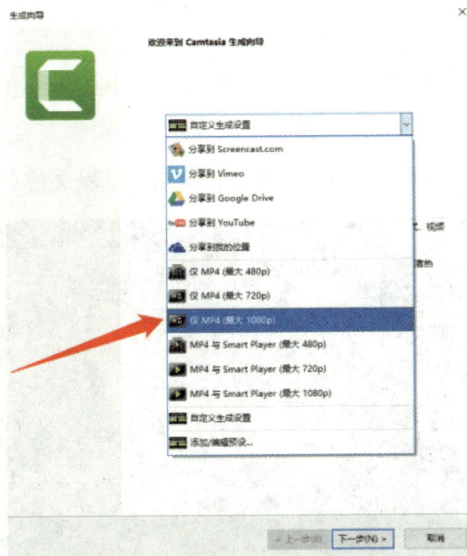

图 7-32 设置合适的清晰度

输入合适的文件名,选择所需要的保存路径,点击"完成"按钮,等自动生成视频后,一堂微课就制作完成了(如图 7-33)。

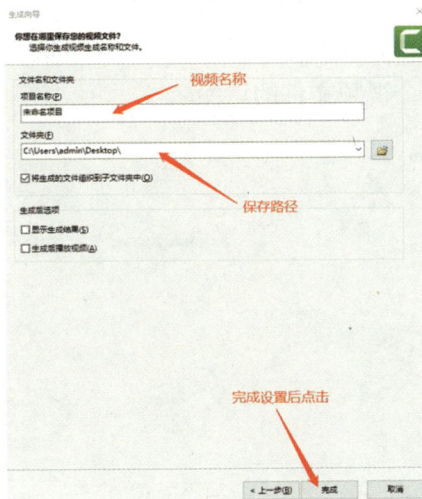

图 7-33 选择保存路径

重要提示

在这里初学者比较容易犯一个错误,他们会点击左上角的"文件",选择"保存"或者"另存为",便认为生成了视频。其实这种方法保存下的并不是微课视频,而是一个 CS 视频的项目工程文件(如图 7–34)。

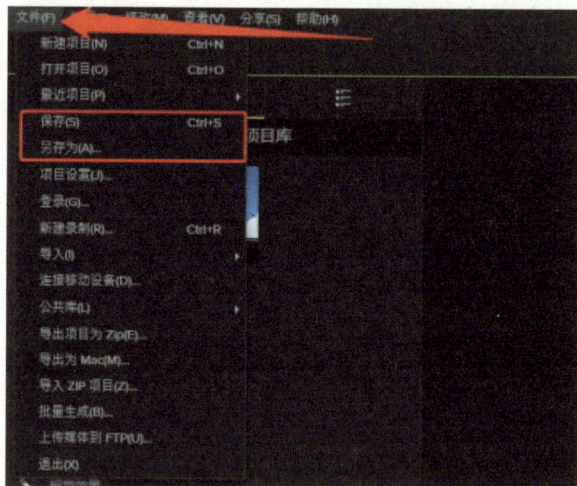

图 7–34　错误的选择左上角的"文件"下"保存"或"另存为"

以"另存为"为例,我们可以看到,这个文件的后缀名是 .tscproj(如图 7–35),并不是一个视频文件的后缀名。

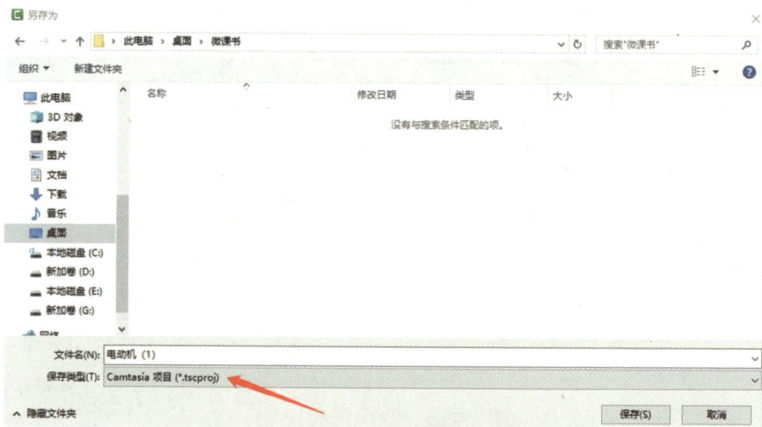

图 7–35　文件的后缀名是 .tscproj

另外,当查看这个文件的属性的时候(如图 7–36),我们也可以发现该文件非常小,这也说明它并不是一节微课视频,而是保存所有剪辑动作的工程文件。所以初学者切勿把它当作微课视频。当然,保存工程文件还是有很大作用的。

图 7–36　工程文件的属性

学到这里,相信很多教师都会希望进一步提升自己制作微课的质量,学习 CS 软件的剪辑功能,那么接下来我们就从教师经常会遇到的几个问题(如图 7–37)出发,讲解一下如何利用 CS 软件来对我们的微课视频进行后期处理。

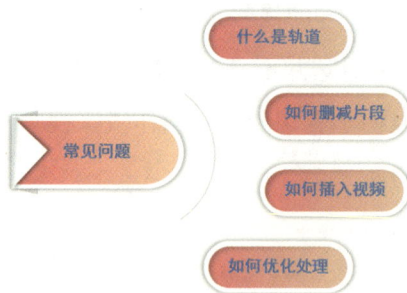

图 7-37　CS 软件后期处理常见问题

认识轨道

如图 7-38 所示，我们可以看到在页面下方有轨道 1 和轨道 2，当然这里的轨道可以有很多，具体数量可根据制作者的实际需要来设定，我们可以通过拖动将页面上方项目库中的素材拖入任意一条轨道进行处理。

图 7-38　任选一条轨道进行处理

轨道的数量是可以随意增加和减少的。右击图 7-39 中箭头所指位置就可以选择插入轨道。具体的轨道的数量可以根据操作者的需要来设定。

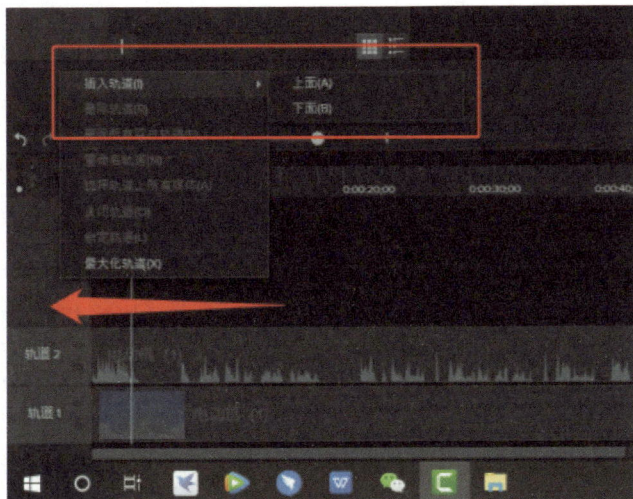

图 7-39 设定轨道的数量

小技巧：如果我们对之前已经制作完成的微课的声音不满意，这里就教大家如何在保留原有视频的情况下去除声音。如图 7-40 所示，我们用右键点击红框标注的轨道 1 中的任意位置。

图 7-40 用右键点击红框标注的轨道 1 中的任意位置

出现选项后,我们选择"分离视频和音频",就会把原有视频中的视频和音频分开,分别位于轨道 1 和轨道 2 中,如图 7-41 所示。我们只需要先点击左键选中有声音波纹的轨道,再点击右键并选择"删除"即可。保留原有的视频,先用录音设备(如录音笔)配合视频录制声音,然后将录制好的音频文件导入电脑,导入项目库,再从项目库拖入轨道即可。当然我们也可以用同样的方法将我们用手机或者摄影机等拍摄的实验视频拖入轨道中进行编辑,使音频和视频分离,这样就能轻松地对实验视频进行后期的配音,而无须对录制的环境有十分苛刻的要求。

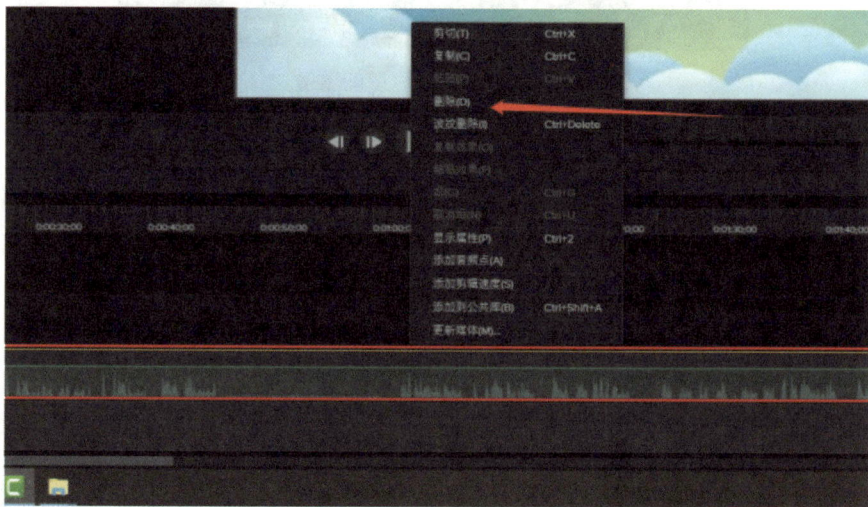

图 7-41　分离视频和音频

如何删减片段

在录制微课的过程中,经常会出现说错话、旁人打断、点错了 PPT 等状况。如果出现这样的情况就重新录制,那微课的制作实在是太费时了。接下来就教大家如何来剪辑已经录制好的视频。

我们在录制微课的过程中肯定需要掐头去尾,因为录屏软件录制的是整个操作过程,包括打开 PPT、结尾关闭等,所以我们需要把多余的头和尾去除。首先,我们需要在轨道上选择需要编辑的视频。其次,我们可以看到在时间轴上有一个指针(蓝灰色)。我们可以通过拖动它来选择需要进行剪辑的时间点,比如我们可以把指针移动到 10 秒的位置。再次,点击边上的"分割"按钮就可以把这段视频分割出去。最后,选择分割出去的前 10 秒的视频,点击右键并选择"删除"就可以将前 10 秒的视频删除。用同样的方法也可以删除结尾处不需要的视频内容(如图 7–42)。

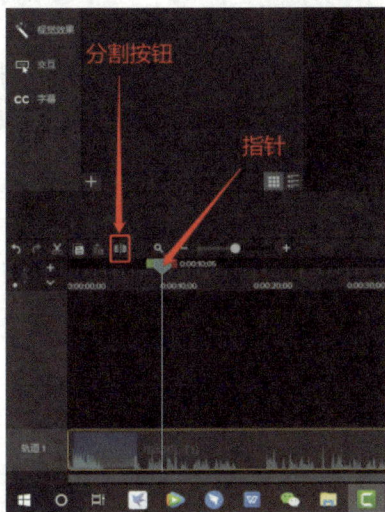

图 7–42　删除不需要的视频内容

　　如果在录制过程中,有一句话说错了,通常我们会停顿一下,然后重新录制,之前说错的那一句话也会被录入视频。我们该如何去除那段不需要的视频呢? 其实,具体的操作和我们刚才用到的方法基本相同。比如要删除视频中 1 分 35 秒到 1 分 47 秒这段,我们可以先把指针移动到 1 分 35 秒处点击"分割"按钮,然后再把指针移动到 1 分 47 秒处点击"分割"按钮,这样我们就可以把 1 分 35 秒到 1 分 47 秒的视频分离出来,最后点击右键并选择"删除"就可以了(如图 7-43)。

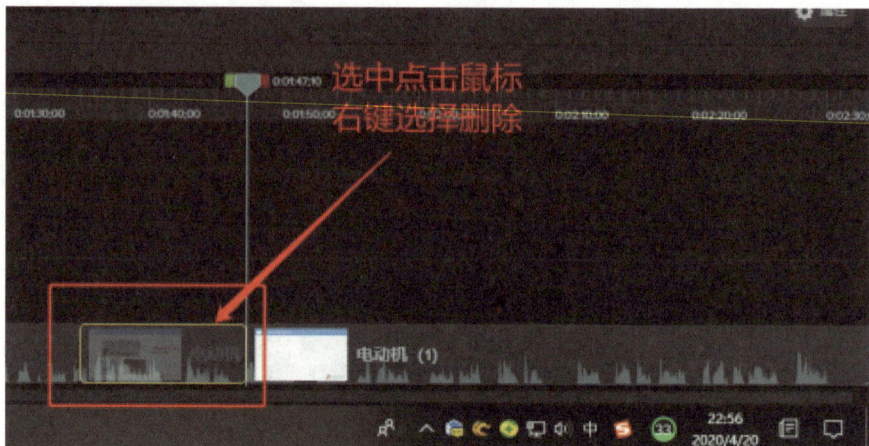

图 7-43　分割视频

　　小技巧:如果你觉得上面的操作太复杂,拖动指针旁红绿两个按钮则可以分割视频,选定时间段后点击剪切键(就是那把小剪刀),这一段也等同于被删除(当然你可以把这段粘贴在其他地方),如图 7-44 所示。

图 7-44　点击剪切键删除一段视频

　　小技巧:时间轴的上方有一个放大镜和加减号其作用是将时间轴放大和缩小。也就是在剪辑过程中,当涉及的剪辑对象在 1 秒之内时,我们可以按加号,这样就会起到放大效果,我们便可以轻松剪辑需要处理的内容了(如图 7–45)。

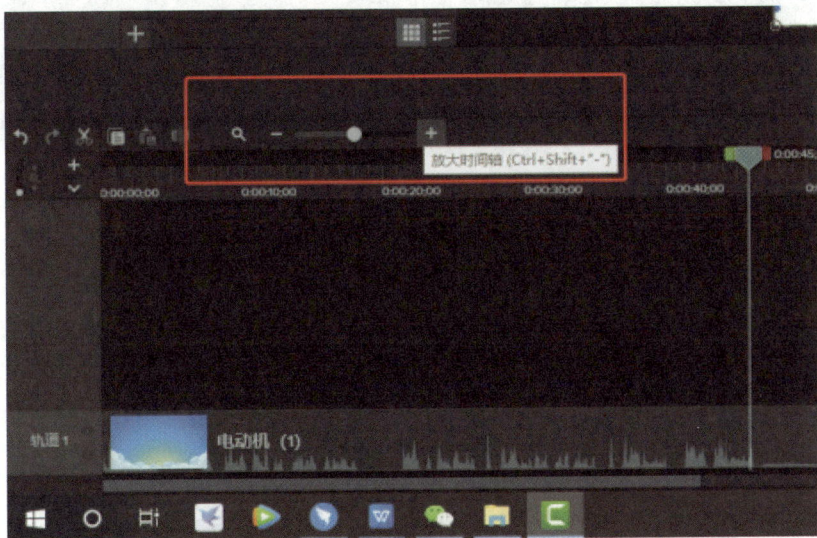

图 7–45　如何运用放大镜和加减号

如何插入视频

　　在制作微课的过程中,有时候需要加入一部分实验视频,这又该如何操作呢? 首先,我们利用指针选择我们需要插入的时间点。其次,点击"分割",将视频分割开。最后,将我们需要插入的视频拖入两段分割的视频中间,对齐就可以了。可能大家看得不太明白,我们通过一组图片来分解一下这个过程(如图 7–46)。

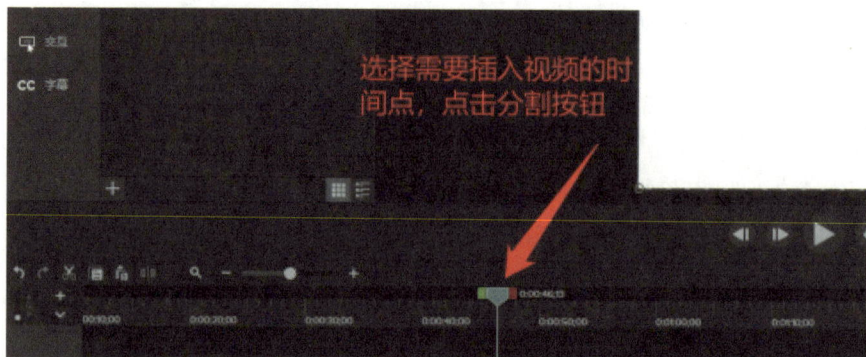

(a)

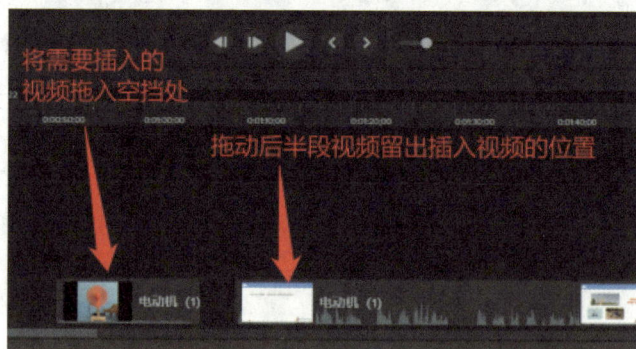

(b)

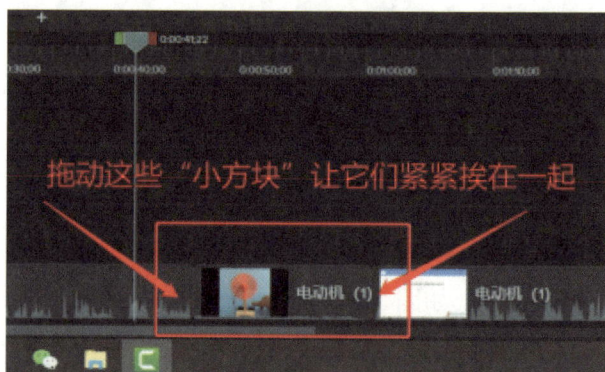

(c)

图 7-46　插入一段视频的步骤

如何优化处理

当然,很多教师对微课视频有更高的要求,下面我们就简单地介绍一些常用的视频优化功能。

(1)如何简单降噪。

这里的降噪功能其实并不十分强大,但是还是可以解决一些噪声问题,让我们不用重新录制微课。如图 7–47 所示,用左键点击右侧方框内的"音频效果",然后选择"降噪"功能。

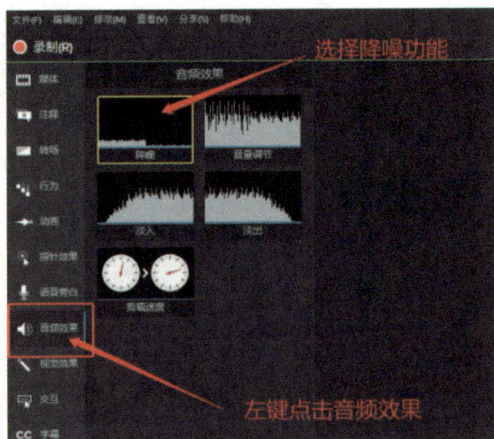

图 7–47　选择"降噪"功能

按住鼠标左键选择片段并将片段拖动至需要降噪的轨道中即可(我们可以看到被选择的片段有了绿色边框),如图 7–48 所示。

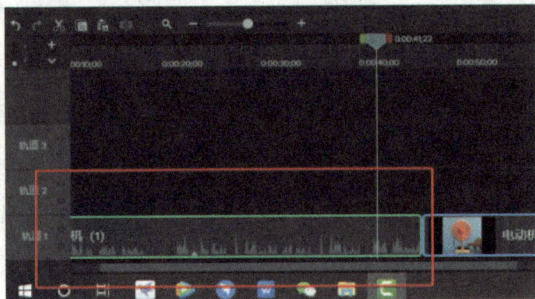

图 7–48　选择的片段有了绿色边框

（2）如何完成视频转场。

插入视频之后，由于两段视频是不一样的，在转场的过程中可能比较生硬，出现黑屏等现象，影响微课的美观，我们可以在左侧的选项中点击"转场"，选择自己需要的效果，然后拖入两段视频之间就可以完成转场效果的设置。

小提示：如果要删除原有的转场效果，只需要点中图 7-49 中箭头所指的绿色部分，通过右键菜单删除即可。

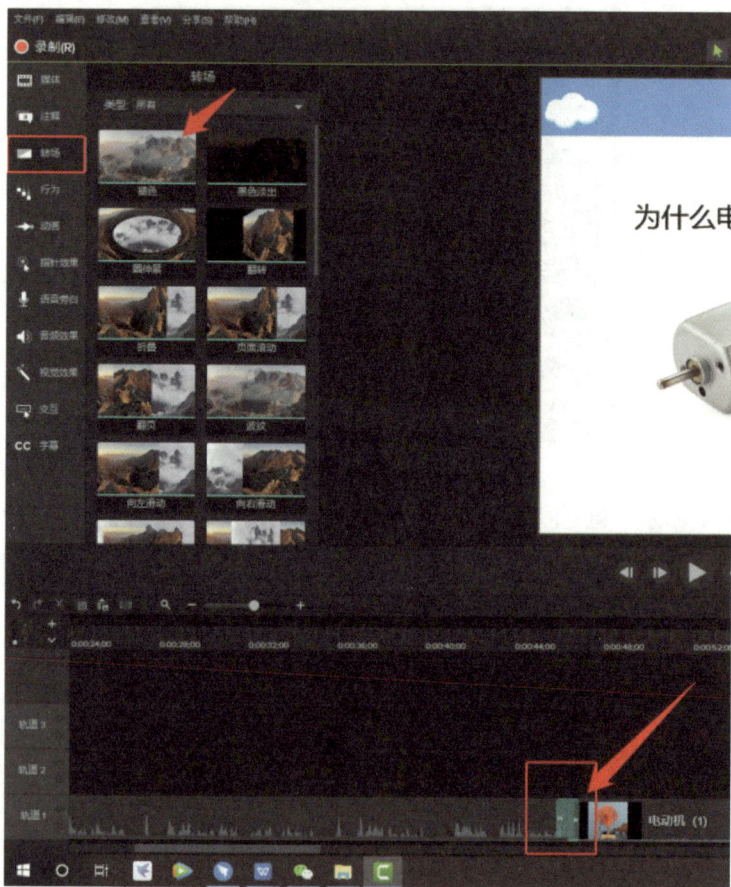

图 7-49 转场效果的设置

(3)如何设置"慢动作"。

视频插入后，如果我们需要用慢动作或者快动作来播放实验视频，那么我们需要在轨道上先选择需要编辑的视频内容，然后按鼠标右键。图 7-50 中箭头所指的选项是添加剪辑速度，用鼠标左键点击该选项。

图 7-50 添加剪辑速度

点击后，我们所选择的视频或音频的轨道上，就会出现一个剪辑速度 1.00× 的蓝条，两端还有两个类似小闹钟一样的图标（如图 7-51）。

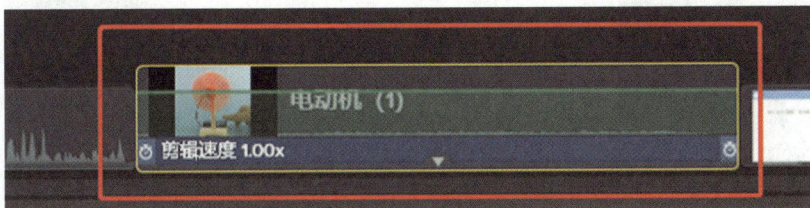

图 7-51 剪辑速度蓝条

演示按住鼠标左键拖动右侧小闹钟来调整播放的倍速（如图 7-52）。

当然在操作时需要留出一定的"空间",否则前后两端视频紧挨在一起,是没有办法拖动的(数字越小表示播放速度越慢,也就是我们通常所说的慢动作)。

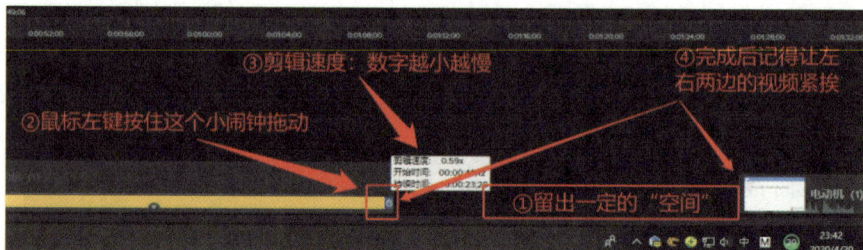

图 7-52　调整播放的倍速

(4)如何插入文字和图片。

如何添加文字说明?我们需要在左侧找到注释,选择想添加的注释的样式,直接将其拖入轨道中;选择它出现的时间,这里文字存在的时间长短是可以通过拉伸来设置的。同时,我们也看到右侧可以设置字体、大小、颜色等。如果要加入一幅图片,只需将图片拖入轨道中即可,当然我们也可以通过拉伸和拖动来设置图片出现的时间和存在的时长(如图 7-53)。

图 7-53　添加文字说明

本小节主要分享素材整理的技巧。

图形、图像搜集和整理

科学微课 PPT 制作需要丰富的图形、图像,图像可以用数码相机拍摄、扫描仪扫描,还可以直接从网上下载,因此大家可以通过多种方式找到适合教学内容的图形、图像。在设计时要注意图形、图像的大小、颜色与布局,力求设计出视觉中心明显、观看悦目的画面。图像的采集主要有以下几种途径。

互联网下载

互联网上有非常多图片搜索引擎,这里介绍网站"多搜搜",如图 7-54 所示。

图 7-54 网站简介

它集合了多个优秀网站,不仅可以下载图片,还可以下载图标和 PPT 模板,而且下载的图片质量较高,如图 7-55 所示。

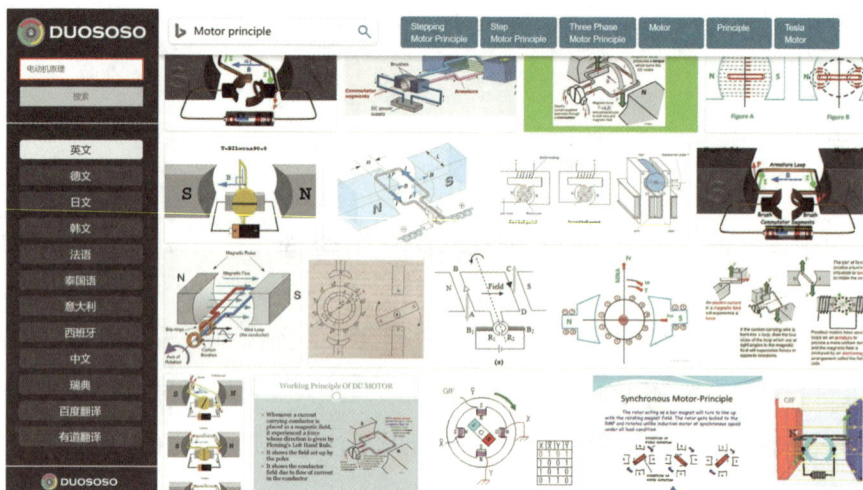

图 7-55　搜索"电动机原理"后呈现出来的高清图片

利用截图软件获取图像

除了电脑自带 PrintScreen 快捷键,实现截图操作还有很多的软件供我们选择,如 QQ 自带的截图功能、Snipaste 软件(如图 7-56)、ShareX 软件(如图 7-57)。不光截图的方式多种多样,从处理截图到上传截图到网络,都有软件能为我们服务。

图 7-56　Snipaste 软件

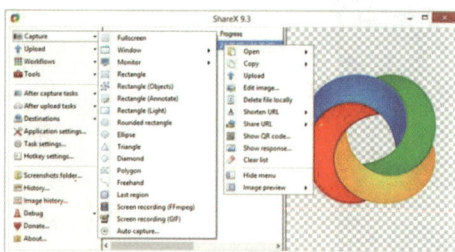

图 7-57　ShareX 软件

但是,很多软件从截图到处理截图(进行简单的标注等操作),至少需要用到两个软件。将图片从一个软件传递到另外一个软件,增加了手工工作,影响了效率。

这里主要介绍 ShareX 这款软件,从截图到简单处理截图,它都能帮我们做到。除此之外,这款软件还有许多特别的功能。这些功能分别是:①无缝处理截图,② OCR 文字识别功能。

对于一般的软件来说,我们都是先截好图,之后保存到电脑的某个地方,再打开图像编辑软件来进行标注、添加马赛克等操作。利用 ShareX,我们完全可以跳过中间保存以及用图像编辑软件打开等操作。在 ShareX 的右键菜单中的"截图后"菜单中选择"打开图像编辑器"选项(如图 7-58)。这样,截图完成后,ShareX 就会立即将截图传递到截图编辑器,图像编辑完成后可直接保存。

图 7-58　用 ShareX 无缝处理截图操作演示

在"截图后"菜单中,加粗的选项表示在一张图截好之后,我们需要 ShareX 自动帮我们进行操作的内容,如图 7-58 中②处所呈现的,截好图之后自动打开图像编辑器(如图 7-59)对图像进行标注编辑。这些操作的顺序都是从上往下依次执行的,我们可根据情况自由选择。

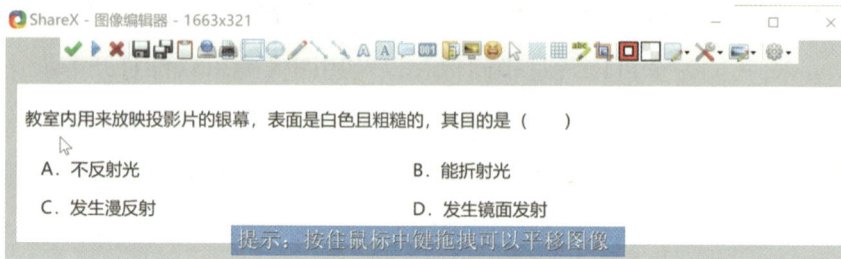

图 7-59　截好图后自动打开图像编辑器

利用手机应用拍摄扫描

利用 iPhone 自带的备忘录扫描文稿,如图 7-60 所示。最终扫描出的图片,如图 7-61 所示。

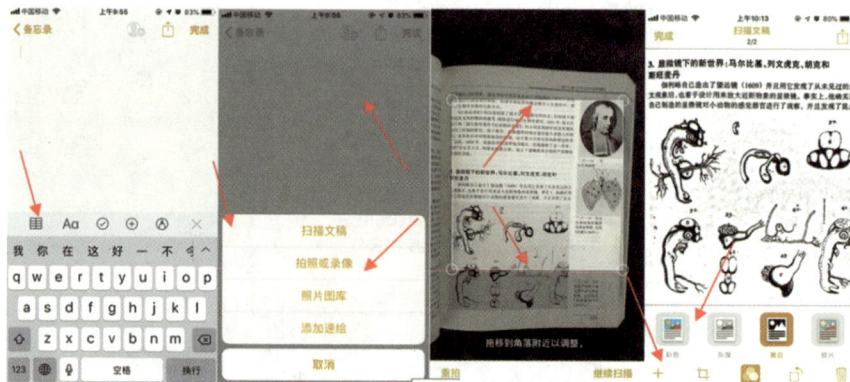

图 7-60　利用 iPhone 自带的备忘录扫描文稿

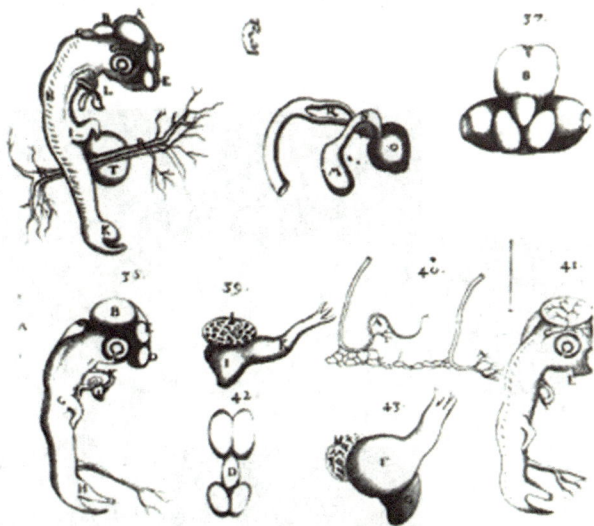

图 7-61　最终扫描出的图片

自行创作

网络素材虽获取方便,但是内容存在局限性,有时也找不到具有针对性的素材,我们只能利用器材进行拍摄。

(1)用单反相机拍摄。

单反拍摄得到的素材画质好,但拍摄技术涉及很多专业知识,本书暂不涉及,有需求的读者可以通过其他途径学习。

(2)用手机拍摄。

目前智能手机的摄像头像素较高,完全可以满足微课制作对图片的要求,具体使用方法每个手机有所不同,这里不再展开。利用手机拍摄有时会出现一些问题,比如由于环境光线偏弱,图片偏暗发灰、不通透,为了获得更好的效果,建议配置补光灯。可以利用图片处理软件对其进行处理。以 iPhone 手机为例(如图 7-62):调整好的照片明显亮度更高、更清楚。

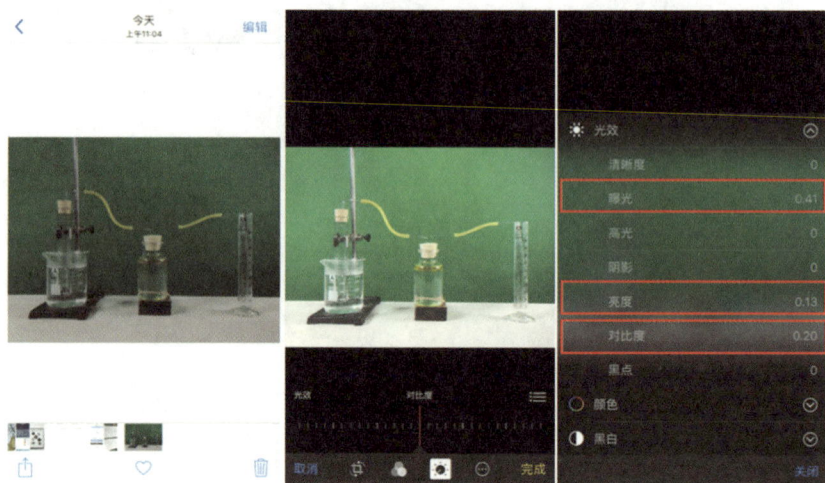

图 7-62 手机图片处理软件演示

当然如果要求更高或期望实现更好的效果,就需要借助相对比较专业的软件了,如电脑端的 Photoshop、泼辣修图(如图 7-63)、snapseed(图 7-64)等,这些修图软件虽然没有专业的 Photoshop 软件(如图 7-65)功能强大,但是对于修改一般的图片问题来说已经绰绰有余了。

图 7-63 泼辣修图软件

图 7-64 snapseed 图片处理软件

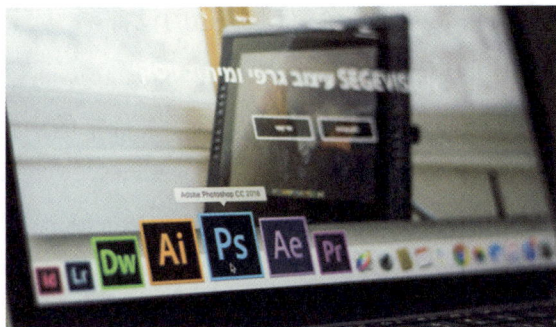

图 7-65 图片处理功能非常强大的 Photoshop 软件

利用 PPT 制作图形

如图 7-66 所示便是利用 PPT 自带"形状"画图像；利用"裁切""复制"功能，组合成所需的图形。但是这种方法比较费时。所以我们尽量从网上下载现成的图形，该方法简单易用，且效率高。

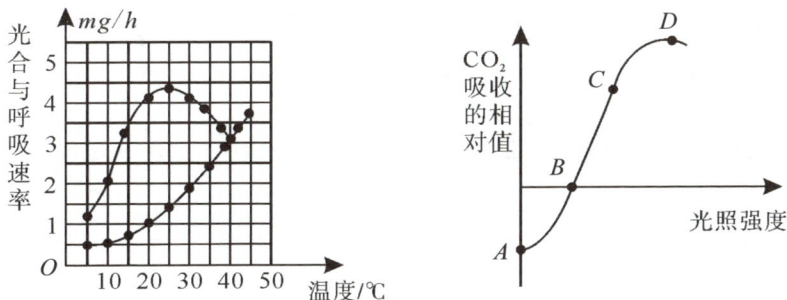

图 7-66 PowerPoint 自带画图演示

声音的采集和整理

（1）录制声音。

利用手机中自带的录音软件配合带话筒的耳机可以实现很好的录音效果（注意将手机设置为飞行模式）。

如果对音质要求高的话，在预算允许的情况下用录音笔或指向型麦克风可以取得更好的收音效果。电子产品更新换代迅速，这里不做推荐，大家可以访问当前各大电商平台,获取合适的设备。

(2)剥离视频中的声音。

通过工具软件(如图 7-67)将 MP4 等视频文件中的声音剥离出来。

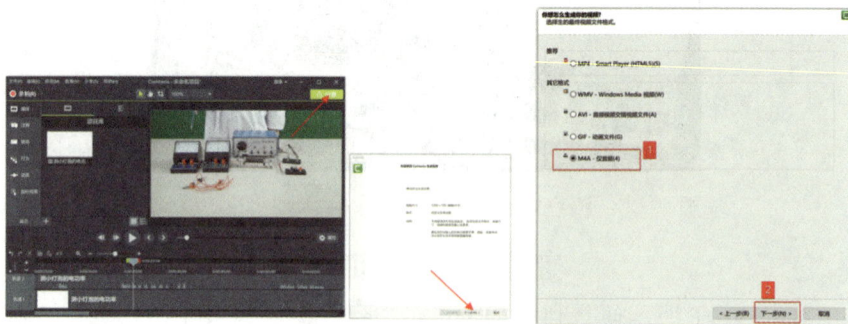

图 7-67　剥离视频中的声音

(3)下载网上的声音文件。

互联网上有大量的声音文件供人们下载。如摄图网上的视听库提供了丰富的资源,如图 7-68 所示。

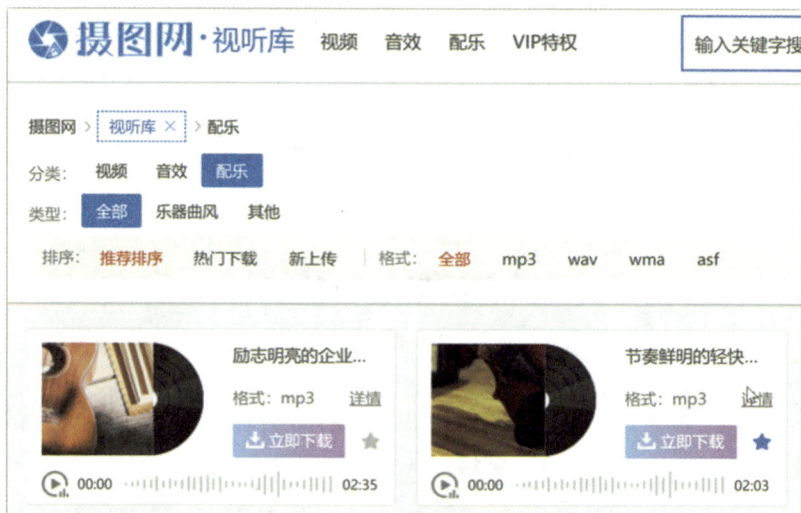

图 7-68　摄图网视听库资源

视频的采集和整理

视频是表现力最强的媒体素材,常见的格式有 AVI、MP4 等。视频文件的采集方法有以下几种。

(1)利用器材采集。

比如说用数码摄像头、数码摄像机、手机直接录制采集视频。采集时要注意画面不要抖动,构图合理。为了使画面更加稳定,我们可以采用三脚架或稳定器。

(2)流媒体的采集。

流媒体文件不能直接从互联网上下载,需要借助相关工具软件。目前流行的流媒体下载工具软件主要有 Streambox VCR、影音传送带(Net Transport)、硕鼠、维棠等。有些网站由对应的下载助手实现下载,如 Blibli 等。网络视频凝聚了制作者的大量心血,使用时要尊重版权,与原作者取得联系。

(3)录屏。

利用录屏软件(如图 7-69),可以采集到相当多的视频。

手机录屏:

电脑录屏:

图 7-69　录屏软件

动画素材的采集

在教学中,对过程事实的描述依赖文本信息或图形,但仅仅有这些信息仍是不够的,要达到更好的描述效果,还可利用动画素材。不论是二维动画还是三维动画,都能更直观更翔实地表现事物的变化(如图 7–70)。

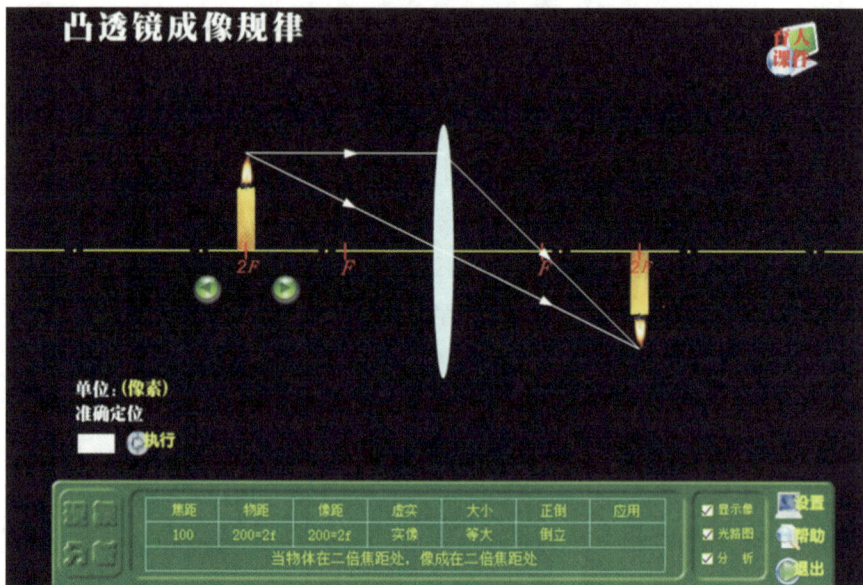

图 7–70　凸透镜成像规律 swf 文件(动态演示成像过程)

互联网上的 flash 动画大多是 swf 格式的文件,我们近期访问的网页上的 flash 动画一般都会暂存于 C:/windows/temporary internet 目录下,我们可以进入这个目录,在目录中找到需要下载的这个文件,把它移动到其他目录就可以实现下载。这个方法无须借助软件,但是由于这个目录下会有很多 swf 文件,要找出需要下载的这个文件,颇费一些工夫。

为了方便地下载 flash 动画,可以借助一些软件。网上有许多下载 flash 动画的工具软件,可以帮助我们便捷地下载 flash 动画,其中颇受欢迎的是 FlashGet、Flash Catcher、Flash Capture 等。

附　录

本书涉及的相关微课目录

第二章　新课类微课

【案例1】八年级上册——浮力的方向

【案例2】七年级上册——长度的测量

【案例3】八年级下册——指南针为什么能指方向

【案例4】九年级下册——生物群落

【案例5】七年级下册——光的折射

【案例6】八年级上册——压力与压强

【案例7】七年级下册——种子的结构

第三章　实验类微课

【案例1】九年级上册——解剖猪的心脏

【案例2】七年级上册——蜡烛燃烧

【案例3】七年级上册——自制温度计

【案例4】七年级下册——凸透镜成像规律

【案例5】七年级上册——观察动物和植物细胞(1)

【案例6】七年级上册——观察动物和植物细胞(2)

【案例7】八年级下册——探究光合作用需要光照

【案例8】九年级上册——自制酸碱指示剂

【案例9】八年级上册——自制浮沉子

第四章　习题类微课

【案例1】七年级上册——摩擦力经典题分析

【案例2】九年级上册——人体的新陈代谢

【案例3】九年级上册——化学物质的推断

【案例4】九年级上册——酸碱反应的判断

【案例5】八年级下册——电磁继电器

【案例6】八年级上册——粗测大气压

【案例7】八年级下——化学中的元素质量守恒

【案例 8】七年级上册——求物质的密度

【案例 9】八年级上册——浮力图像题

【案例 10】八年级上册——电路故障分析

【案例 11】九年级上册——金属与酸的反应

第五章　专题类微课

【案例 1】九年级上册——《酸碱盐》复习微课

【案例 2】九年级上册——《机械能》重难点分析

【案例3】九年级上册——学业考试复习专题讲座

【案例4】七年级下册——《力》专题复习

【案例5】八年级下册——《光合作用与呼吸作用》专题复习

【案例6】八年级下册——《化学的基本操作》专题微课

【案例7】七年级下册——《光的反射和折射》复习微课

【案例8】九年级下册——探究题方法指导微课

【案例9】九年级上册——《复分解反应的实质》专题微课

【案例10】八年级上册——《溶液》专题复习

第六章　故事类微课

【案例1】伽利略温度计1和2

【案例2】琴纳与牛痘的故事1和2

【案例3】牛顿第一定律:从亚里士多德到牛顿

【案例4】浮力的存在和方向

【案例 5】细胞学说的建立

【案例 6】液体压强公式

第七章 微课制作技术

【案例 1】电动机

【案例 2】压力

【案例 3】覆杯实验与大气压

吴兴区微课抗疫故事视频

湖州四中教育集团微课助力教学视频

参考文献

[1] 金陵.翻转课堂与微课程教学法 [M].北京:北京师范大学出版社,2015.

[2] 赵国忠,傅一岑.微课:课堂新革命 [M].南京:南京大学出版社,2015.

[3] 郑国雄.翻转课堂 [M].上海:华东理工大学出版社,2016.

[4] 黄发国,张福涛.翻转课堂微课设计研究与制作指导 [M].济南:山东友谊出版社,2015.

[5] 乔纳森·伯格曼,亚伦·萨姆斯;韩成财译.翻转课堂与混合式教学:互联网＋时代,教育变革的最佳解决方案 [M].北京:中国青年出版社,2018.

[6] Michael Fullan, Maria Langworthy.极富空间:新教育学如何实现深度学习 [M].重庆:西南师范大学出版社,2016.

[7] 沈伟云.初中科学思维教学 [M].杭州:浙江科学技术出版社,2018.

[8] 王耀村.初中科学教学关键问题指导 [M].北京:高等教育出版社,2016.

[9] 林恩·埃里克森,洛伊斯·兰宁.以概念为本的课程与教学:培养核心素养的绝佳实践 [M].上海:华东师范大学出版社,2018.

[10] 玛丽·凯·里琪.可见的学习与思维教学 [M].北京:中国青年出版社,2017.

[11] 刘洁民,郭玉英.教育部基础课程教材专家工作委员会组织编写;义务教育初中科学课程标准修订组编写.义务教育初中科学课程标准(2011 年版)解读 [M].北京:高等教育出版社,2012.

[12] 郑青岳.初中科学典型课例优化设计 [M].杭州:浙江教育出版社,2018.

[13] M. 戴维·梅里尔,盛群力译 . 当代前沿教学设计译丛:首要教学原理 [M]. 福州:福建教育出版社,2016.

[14] 李文德 . 情境微课开发 [M]. 北京:电子工业出版社,2016.

[15] 李晓斌 . 微课慕课设计与制作一本通 [M]. 北京:电子工业出版社,2018.

[16] 缪亮,范立京 . 让课堂更精彩! 精通 PPT 课件设计与制作 微课版 [M].2 版 . 北京:清华大学出版社,2018.

[17] 李克东,谢幼如主编 . 多媒体组合教学设计[M]. 北京:科学出版社,1994.

[18] 李学农,丁彦青,温岭 . 多媒体教学优化设计 [M]. 广州:广东高等教育出版社,1996.

[19] 黎加厚 . 微课的含义及发展 [J]. 中小学信息技术教育,2013(4).

[20] 胡铁生 . 微课:区域教育信息资源发展新趋势 [J]. 电化教育研究,2011(10).